新指南背景下
大学英语教学改革与创新研究

饶卫忠　著

吉林大学出版社
·长春·

图书在版编目（CIP）数据

新指南背景下大学英语教学改革与创新研究 / 饶卫忠著 . -- 长春 : 吉林大学出版社， 2022.1
ISBN 978-7-5692-9927-4

Ⅰ . ①新… Ⅱ . ①饶… Ⅲ . ①英语－教学改革－研究－高等学校Ⅳ . ① H319.1

中国版本图书馆 CIP 数据核字 (2022) 第 016599 号

书　　名　新指南背景下大学英语教学改革与创新研究
　　　　　XINZHINAN BEIJING XIA DAXUE YINGYU JIAOXUE GAIGE YU CHUANGXIN YANJIU
作　　者　饶卫忠　著
策划编辑　黄国彬
责任编辑　闫竞文
责任校对　马宁徽
装帧设计　图书之家
出版发行　吉林大学出版社
社　　址　长春市人民大街 4059 号
邮政编码　130021
发行电话　0431-89580028/29/21
网　　址　http://www.jlup.com.cn
电子邮箱　jdcbs@jlu.edu.cn
印　　刷　天津和萱印刷有限公司
开　　本　787mm×1092mm　1/16
印　　张　10.5
字　　数　210 千字
版　　次　2023年5月　第1版
印　　次　2023年5月　第1次
书　　号　ISBN 978-7-5692-9927-4
定　　价　58.00 元

前言

随着世界经济的全球化和多元化，语言能力变得越来越重要。英语作为世界通用语言，如果掌握了这门语言，就可以更好获得全球的资源，提升自身的竞争力和软实力。随着我国改革开放的进一步深入，与世界各国交往日益频繁，社会对大学生的英语应用能力也提出了更高的要求。教育部颁发的《大学英语教学指南（2020版）》指出，大学外语教育是我国高等教育的重要组成部分，对于促进大学生知识、能力与素质的协调发展具有重要意义。大学英语作为大学外语教育的主要内容，是大多数非英语专业学生在本科教育阶段必修的公共基础课程，在人才培养中具有重要作用。传统的大学英语课堂教学已经不能适应新时代大学英语课程教学要求。如何转变观念，实现大学英语课程教学改革和创新，进而真正提高学生的英语运用能力，是大学英语教师面临的新课题。新的教学环境，新的教学思路，必然会对教师的教学实践提出新的要求。教学过程中教师应如何转变教学观念创新教学，实现教学效果最大化？如何更好地调动学生积极性，激发学生学习兴趣，培养学生的创造性思维？如何更好地对学生进行学习测评，融思想教育于教学中，实现大学英语课程教学目标？这些问题都亟待我们在实践中摸索解决。

本书以“教、学、测、评”为主线，对大学英语教学的发展历程和现状、改革背景和理论依据、课程体系、教学设计、教学方法、多元评价、跨文化能力、自主学习能力、课程思政建设、教师职业发展等方面，作者进行较为深入理解和教学实践的基础上，提出了其中的一些问题，同时结合自身大学英语教学的环境和条件，提出了一些相应的改革建议和创新办法。

本书共十章。第一章主要介绍大学英语教学历程、教学目标的调整及大学英语教学现状和问题分析，最后论述了大学英语教学改革的必要性和必然性；第二章主要阐述了大学英语教学改革时代背景、教学改革的理论依据，并结合改革实践，提出了可行的大学英语教学改革分级方案；第三章阐述了课程的定义、课程目标、大学英语课程目标，然后以《新视野大学英语读写和听说教程 1》为例说明了《大学英语 I》课程目标，最后讨论了大学英语课程体系重构实践；第四章主要阐述了大学英语策自主学习能力培养策略，旨在更好提高大学英语自主学习的能力；第五章主要讨论大学英语教学设计，并对大学英语的教学设计实践进行了总结和分析；第六章大主要介绍了大学英语教学方法改革与实践，其中包括词汇、听说读写的教学实践以及教师在教学中的支架话语的构建等内容；第七章主要阐述大学英语跨文化交际能力的培养与实践，着重分析了文化自信背景下如何增强学生的跨文化交际能力；第八章分析了大学英语教学评价现状、评价类型以及大学英语教学多元评价体系的构建与实践；第九章界定了课程思政的相关概念，探究了大学英语课程思政建设路径以及展现了课程思政的一些案例；第十章重点分析了新时代高等教育的发展趋势与挑战以及大学英语教师发展存在的问题，着重说明和探究了大学英语教师应有的知识和发展路径。

在本书的编写过程中，得到学院领导和大学英语教学改革团队成员的关心支持和帮助，同时参阅了大量国内外论著等文献资料，在论述中引用了许多专家、学者的观点，由于篇幅有限，恕不一一列出。在此，特别向关心支持和帮助自己的领导老师们以及被引用的文献作者们一并表示诚挚的谢意。由于大学英语教学改革与创新因时因地因人而异，有其自身的复杂性，加上作者水平和能力所限，书中难免存在不妥之处，恳请各位专家、学者和广大读者批评指正。

福建商学院

饶卫忠

2022 年 2 月 12 日

目　录

第一章　大学英语教学发展历程和现状分析

第一节　大学英语教学历程

地球是目前宇宙中适合人类生存的唯一星球，地球上的不同国家、不同民族共处在同一个世界。随着世界经济的全球化和多元化，语言能力变得越来越重要。世界语言大会于 2014 年 6 月 7 日发布的《苏州共识》指出，“语言是人类文明代代相传的载体，是相互交流和了解的关键，是文明交流互鉴的纽带。”沟通需要有相通的语言，英语作为世界通用语言，全世界有 100 多个国家将英语作为母语、官方或者第二语言，在全世界广泛应用，可称之为国际语言，更是全球企业与贸易通用的语言。同时掌握了英语这门语言，就可以更好获得全球的资源，提升自身的竞争力和软实力。当前，英语已成为科技文化交流和国际交流的重要工具。实施“一带一路”倡议需要各类专业技术和管理人才。同时，也需要教育文化的进步。只有各国相互理解，互相包容，“一带一路”建设才能走得稳、走得更远。而语言互通是民心相通的核心，“一带一路”需要语言来铺路。英语在“一带一路”建设中日益发挥着不可替代的作用。

新中国成立以来，随着中国外交的发展和强大，自 20 世纪 60 年代开始，英语成为我国外语教育的第一外语。随着改革开放的逐步深入，国际交往日益频繁，各行各业对英语的需求日益增加。我国高校开设大学英语课程旨在面向大学生的未来发展，提高我国教育的国际化水平，更好地增强青年学生的国际交流能力和国际竞争力。大学英语是我国高等教育课程的公共基础课之一。大学英语教学经历了起步、恢复、发展、改进和改革的过程，取得了丰硕的成果。自 20 世纪 60 年代开始，英语逐渐取代俄语成为第一外语，70 年代末至 80 年代中期，我国大学英语教学进入复苏阶段，1983 年英语被确定为高考必考科目。80 年代中期至 90 年代中期，我国大学英语教学开始进入大发展阶段，其标志是《大学英语教学大纲（高等学校理工科本科用）》在 1985 年由国家教委批准并颁布实施。20 世纪 90 年代中期到本世纪初期，我国的大学英语教学进入到快速提高的阶段，1999 年出版了《大学英语教学大纲 [修订本]（高等学校本科用）》。21 世纪初至今，大学英语教学进入了逐步改革的阶段。为适应我国高等教育发展新形势，深化教学改革，提高教学质量，适应新时代国家和社会对人才培养的需要，2004年，教育部发布了《大学英语课程教学要求（试行）》。该《要求》的发布推动了大学英语教学改革，对提高大学英语教学质量具有重要作用。

为全面实施大学英语教学改革，适应新时代国家和社会对人才培养的需要，2007年，教育部办公厅印发了《大学英语课程教学要求》（以下简称《大学英语课程教学要求》）。此后，《要求》极大地推动和引领了大学英语教学改革的实践，教学理念、教学内容和教学方法都发生了变化。王守仁、王海啸（2011）研究表明：各地许多高校积极探索多种教学模式，尤其是互联网背景下的计算机与课堂教学相结合的教学模式，加强学生英语听说能力的培养，实行形成性和总结性评价模式，有效促进了大学生自主学习能力的发展。2017年，教育部颁布了《大学英语教学指南》（以下简称《指南》），旨在全面贯彻党的教育方针，进一步深化大学英语教学改革，提高英语教学质量。一方面，《指南》从国家战略需求层面强调英语的重要性：通过学习和使用英语，可以直接了解国外前沿科技进步、管理经验和理念，学习和了解世界优秀文化和文明，也有利于增强民族的语言力量，传播中华优秀文化，促进与世界各国人民的广泛交流，增强国家软实力。从学生的需求出发，可以阐释大学英语课程的作用和意义。另一方面，高校开设大学英语课程是为了适应国家战略需要，服务于国家改革开放和经济社会发展。再次，可以满足学生的专业学习、国际交流以及继续深造、工作和就业的需要。2018年，全国教育大会上，习近平总书记做了重要的讲话。大会“培养什么样的人、为谁培养人和如何培养人”这个问题给出明确答案，强调要把立德树人融入思想道德教育、文化知识教育和社会实践教育。为顺应新时代高等教育发展要求和全国教育大会精神，进一步深化大学英语教学改革，提高教育教学质量，《中国教育现代化2035》和《关于加快建设高水平本科教育全面提高人才培养能力的意见》等指导高等教育发展的文件精神是重要的思想指引，教育部高等学校大学外语教学指导委员会通过总结大学英语课程建设和教育教学改革经验，教育部于2017年，颁布了《大学英语教学指南》，在此基础上，制订并发布了《大学英语教学指南》（2020版）（下称《新指南》）。《新指南》的发布，为我国各高校大学英语课程建设指明了方向，为各高校进行大学英语课程建设，实施大学英语课程教学与改革提供了指导性意见。

改革开放以来，随着我国大学英语教学相关纲领性文件的颁布实施，各高校的大学英语课程建设也在进行中。大学英语教学大纲也从无到有进行了修订和完善。随着大学英语的教学，CET-4和CET-6也经历了不断的改革。总体而言，中国的大学英语教学取得了巨大的成就。我国的英语教育教学理论已经从引入到自主创新，由少到多，硕果累累。它为我国大学英语教学和改革提供了坚实的理论基础，指导

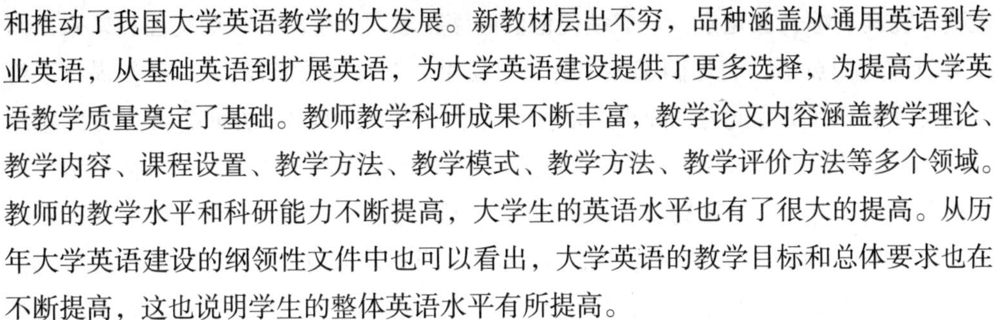

和推动了我国大学英语教学的大发展。新教材层出不穷，品种涵盖从通用英语到专业英语，从基础英语到扩展英语，为大学英语建设提供了更多选择，为提高大学英语教学质量奠定了基础。教师教学科研成果不断丰富，教学论文内容涵盖教学理论、教学内容、课程设置、教学方法、教学模式、教学方法、教学评价方法等多个领域。教师的教学水平和科研能力不断提高，大学生的英语水平也有了很大的提高。从历年大学英语建设的纲领性文件中也可以看出，大学英语的教学目标和总体要求也在不断提高，这也说明学生的整体英语水平有所提高。

第二节 大学英语教学目标的调整

二十世纪 60 年代之前，我国大学英语在教学思想、教学目标等方面缺乏有效的指导，自 1962 年教育部颁布了《英语教学大纲（试行草案）》（高等工业学校本科五年制各类专业适用），这是第一个高等工业学校本科五年制各类专业使用的，《大纲》明确提出，公共英语教学目标是，通过公共英语学习为学生今后阅读本专业英语书刊打下较扎实的语言基础（上海交通大学外语教研室，1963：2）。1985 年颁布的《大学英语教学大纲》（面向大学理工科本科生）指出，理工科大学英语教学的目的是培养学生具有较强的阅读能力、一定的听力和翻译能力，以及初步的写作和口语能力，使学生能够以英语为工具获取专业所需信息的能力，为进一步提高英语水平打下良好的基础。1999 年，《大学英语教学大纲》（高等学校本科用）颁布，《大纲》指出，大学英语教学的目的是培养学生具有较强的阅读能力和一定的听、说、写、译能力，使他们能够用英语交流信息。大学英语教学应帮助学生打好语言基础，掌握良好的语言学习方法，提高文化素养，适应社会发展和经济建设的需要。可以看出，从 1960 年代到 20 世纪末，从培养阅读开始，学生逐渐培养了听、说、读、写、译的能力，能够用英语进行交流。大学英语教学的目标强调语言教学的工具性。

2007 年，教育部颁布《大学英语课程教学要求》（以下简称《要求》）指出，大学英语教学的目标是培养学生的英语综合应用能力，特别是听说能力，使他们能够在将来的学习、工作和社交中能利用英语进行有效沟通，同时提升自主学习能力和综合文化素养，以适应新时代中国社会发展和国际文化交流的需要。《要求》强调听说能力，用英语有效交流，对自主学习能力和综合文化素养提出了要求。2017 年，教育部发布《大学英语教学指南》（以下简称《指南》）指出，大学英语的教学目标是培养学生的英语应用能力，增强跨文化交际意识和交际能力，培养学生独立学习

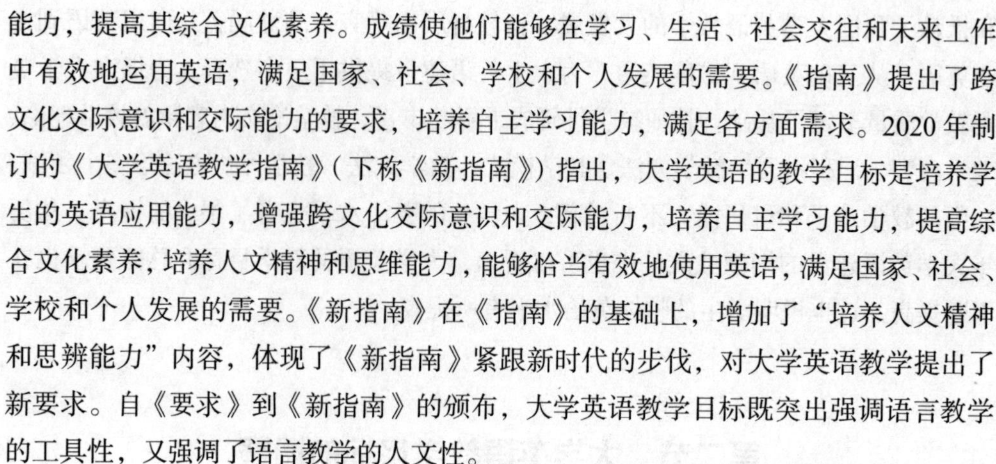

能力，提高其综合文化素养。成绩使他们能够在学习、生活、社会交往和未来工作中有效地运用英语，满足国家、社会、学校和个人发展的需要。《指南》提出了跨文化交际意识和交际能力的要求，培养自主学习能力，满足各方面需求。2020年制订的《大学英语教学指南》(下称《新指南》)指出，大学英语的教学目标是培养学生的英语应用能力，增强跨文化交际意识和交际能力，培养自主学习能力，提高综合文化素养，培养人文精神和思维能力，能够恰当有效地使用英语，满足国家、社会、学校和个人发展的需要。《新指南》在《指南》的基础上，增加了“培养人文精神和思辨能力”内容，体现了《新指南》紧跟新时代的步伐，对大学英语教学提出了新要求。自《要求》到《新指南》的颁布，大学英语教学目标既突出强调语言教学的工具性，又强调了语言教学的人文性。

第三节　大学英语教学现状和问题分析

一、大学英语教学现状

从我国大学英语教学的课程设置可以看出，大学英语教学取得了可喜的成绩。但是，由于一些主客观因素的影响，大学英语教学中还存在不少问题。近年来，高考英语考试制度改革不断。教育界一直有疑问，不时听到英语无用的争论。许多大中专院校减少了英语学分和学时。由于各地区高中英语水平的差异，大学生的英语水平各不相同。学习需求也存在较大差异，不同地区教学质量差异较大。学生的需求并没有得到满足。自小学到升入大学，大部分学生投入了大量的时间、精力甚至财力来学习英语。在普通本科院校中，很多非英语专业的学生大一就通过了CET-4，其实际英语运用能力和水平仍然不高。很多学生觉得自己在大学里还在学习“哑巴英语”和“聋哑英语”，无法理解学习英语的最终目的。也有不少学生认为学习英语的目的就是为了通过四六级考试，方便日后就业，通过考试后，英语水平会逐渐下降。当然，重视英语学习或者喜欢英语学习的学生也有很多，因为大多数普通本科院校只有三四个学期的英语课程，课时也不多。学生依靠自主学习，缺乏教师的全程指导，虽然花费了大量时间，但学习效果并不乐观。据调查，某一普通本科院校非专业共有40多位学生参加研究生入学考试，最后只有2位被录取，绝大部分学生只要是因为英语成绩未过统招线。另外，大学英语教学在不少普通高校没有得到足够的重视。近年来，大学英语课程改革的推进，也对大学英语教师提出了新的时代要求。本科院校对科研成果的要求越来越高。大学英语教师在承担教学任务的

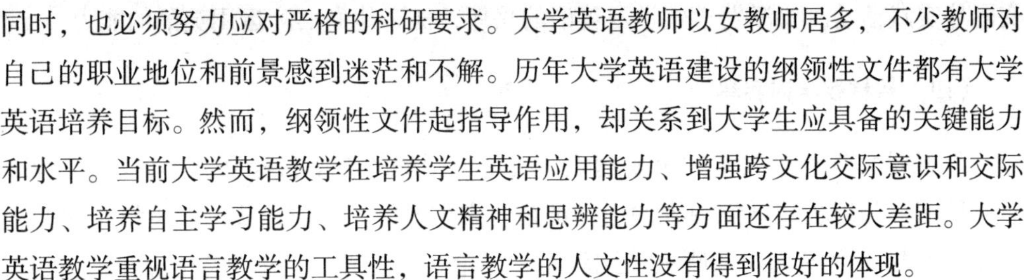

同时，也必须努力应对严格的科研要求。大学英语教师以女教师居多，不少教师对自己的职业地位和前景感到迷茫和不解。历年大学英语建设的纲领性文件都有大学英语培养目标。然而，纲领性文件起指导作用，却关系到大学生应具备的关键能力和水平。当前大学英语教学在培养学生英语应用能力、增强跨文化交际意识和交际能力、培养自主学习能力、培养人文精神和思辨能力等方面还存在较大差距。大学英语教学重视语言教学的工具性，语言教学的人文性没有得到很好的体现。

二、大学英语教学的影响因素

虽然影响大学英语教学的因素很多。但归根结底，可以从课程设置、教学模式、教学方法、教学内容、教师素质、学生自身等几个方面进行分析。

（一）课程设置出现偏差

许多高校将大学英语课程归类为语言技能，未能兼顾工具性和人文性。大学英语课程教学过于应试，停留在通识教育层面，缺乏应用能力培养，没有开设特殊目的英语及跨文化交际等拓展课程，或拓展课程不足。《新指南》强调大学英语的工具性，其教学内容分为“通用英语”和“特定用途英语”。它还强调其人性化。开展跨文化教育，培养学生对中华文化的理解和诠释，为中华文化服务。以人为本，提升人的价值，注重人综合素质的培养和全面发展。社会主义核心价值观应有机融入大学英语教学内容。大学英语课程工具性是人文主义的基础和载体，人文主义是工具性的升华。这为大学英语课程的设置指明了方向。

（二）教学模式陈旧

不少高校英语教学模式还停留于传统的英语精读教学模式，许多教师一直都采用“书本 +PPT”模式，只注重语言知识的讲解，忽视培养学生的交际能力，导致学生学习自觉性差，对教师依赖较强，没有注重学生思考、质疑、创新的能力，出现“高分低能”等现象。

（三）教学方法单一

随着现代信息技术的发展，在教学中出现了许多现代教学方法。但是一方面，学生人数与现代化设备数量不成正比，有些设备陈旧无法使用，学生缺乏多媒体学习环境；另一方面，英语教师本身并没有关注现代教育技术的真正作用。即使他们拥有现代化的教育设备，也无法发挥其作用。在英语教学中，教师要充分利用现代教学设备和信息技术，不仅向学生传授英语语言知识，还要引导、启发和开展语言交际等实践活动。要激发学生学习英语的兴趣，提高他们实际运用英语的能力。

（四）教材教学内容单一

教材是大学英语教学的重要起点，决定了课程的教学目标和教学方法。因此，对于任何一门课程，教学内容的选择都是非常重要的。目前，我国非英语专业的大学英语教材在内容选择上侧重于记叙文、议论文等主题。有些教学内容过于陈旧，课本内容往往与现实生活或职场脱节。教材内容不能适应现代外语教学的需要，不能满足现代工作场所的要求。

（五）教师素养不足

教师在大学英语教学中起主导作用。教师素质决定教学质量。在英语课堂中，教师是课堂教学的组织者和指导者，也是学生的向导。然而，许多教师缺乏自身的语言技能、教学控制能力、发音和语调不佳、缺乏课堂应变能力、无法预知课堂活动中的情况。教师缺乏信息素养，师生之间缺乏有效互动，无法保证课堂活动的有序开展。其他高校大学英语教师平均年龄在40岁以上，教学观念保守，教学方法不够新颖，科研能力和产出不足。

（六）学生主动学习能力不足。

学生是英语教学中起着主体。是学习的主人,也是英语教学的重要反馈者。但是，由于教学模式和教学方法单一等诸多因素，学生对知识的探索、发现、吸收以及内化的动力不足，学生逐渐从知识的主动建构者变成知识的被动接受者。作为英语教学活动的重要参与者，学生应积极主动地参与到各项活动中，积极思考，勇于表达自己的观点，展示个人的才能。

第四节　大学英语教学改革的必要性和必然性

为了真正改变大学英语教学中存在的问题，大学英语教学改革可以改变以教师为中心的教学模式，更新教学理念，使教师从知识的传授者转变为学习的参与者、指导者和促进者。新课程的被动使用者转向新课程的引领者和塑造者。为进一步提高教育质量，适应新时代的需要，各地高校也要求加强大学英语教学改革，充分调动大学英语教师参与改革的积极性和创造性，并将现代教育技术引入大学英语教学，使以往单一、陈旧的大学英语教学理念、教学模式和教学方法发生了巨大的变化。现代教育技术为我们提供了一种新的教学方法，它克服了传统教学的弊端，将抽象枯燥的学习内容转化为生动、有趣、可视、可听的动态内容，极大地激发了学生学习英语的兴趣。增加教师的教学密度，提高学生的学习效率。通过全新的教学模式，英语教学不受时间和地点的限制。学生可以随时随地使用电脑和互联网进行学习。他们可以根据自己的水平和需要自由选择不同级别的学习材料，并可以根据自己的学习效果调整学习进度和难度。教学实践和场地灵活。通过教育改革，改变传统的知识型学习方式，注重技能型学习方式，从阅读转向听说，全面提高学生在专业领域的口语和书面交流能力。通过考试评价体系改革，进一步完善测试评价体系，特别注重形成性评价，加强对学生学习过程中语言应用能力发展的检测，建立多元化的评价体系，把对语法、阅读、理解的评价主要转化为对学生听说能力和综合英语应用能力的评价。原有单项考试的教学成果逐步转向对整个教学过程的整体监测和评价，充分发挥其对大学英语教学改革的指导作用。

第二章　大学英语教学与改革的时代背景和理论依据

第一节　大学英语教学与改革时代背景

世界经济的全球化和多元化，语言能力建设变得越来越重要。2015 年 9 月，习近平在纽约联合国总部发表重要讲话指出:“当今世界，各国相互依存、患难与共，要继承和发扬联合国宪章的宗旨和原则。构建以合作共赢为核心的新型国际关系，打造人类命运共同体。”“坚持不同文明包容、交流互鉴。”2014 年 6 月 7 日世界语言大会发布的《苏州共识》指出,“语言是人类文明代代相传的载体,是相互交流和理解。关键是交流互鉴的纽带。文明之间“交流需要一种共同的语言。英语是世界通用语言。全世界有 100 多个国家使用英语作为他们的母语、官方或第二语言，在世界范围内被广泛使用。它是一种国际语言，也是全球公司和贸易的通用语言。同时掌握了英语这门语言，就可以更好获得全球的资源，提升自身的竞争力和软实力。英语已成为国际交流和科技文化交流的重要工具。2018 年，中国召开了全国教育大会。习近平总书记在会上发表重要讲话。会议明确了我国教育“培养什么样的人、为谁培养人、如何培养人”的答案，强调要把德育教育融入思想道德教育、文化知识教育和社会实践教育。中国提出的“一带一路”倡议需要各类专业技术和管理人才，更重要的是要优先发展文化和教育。只有深入民心,“一带一路”建设才能走得稳、走得更远。民心相通的核心是语言互通，“一带一路”需要语言铺路。英语在“一带一路”建设中发挥着重要的不可替代的作用。语言能力建设变得越来越重要。

在大学英语教学中，教师教学的最终目的是为国家立德树人，为新时代培养人才。在教学中，教师要充分发挥学生的主体地位和作用，教会学生自主学习，培养学生终身学习的意识。在知识经济飞速发展的今天，学生需要学习的内容越来越多。在学校学习是远远不够的。要在复杂且竞争激烈的社会中站稳脚跟，学生必须具备持续学习和终身学习的能力。在教学过程中，教师应努力培养学生学习英语的兴趣，引导学生实施有效的学习策略，养成良好的学习习惯。同时，通过课程的思想政治教学，注重学生的全面发展，培养学生的社会责任感和严谨的学习态度；英语教师要加强与学生的沟通，营造和谐的课堂氛围，形成良好、平等的师生关系。创造学习和使用英语的机会，让他们享受学习的过程，感受成功学习的乐趣。在大学英语教学和改革中，教师必须采取多种评价方式，关注学生的学习过程，了解学生的学习效果，不断改进自身的教学方法。教师也必须注重自身的发展和能力的提升，提高教学效率。

面对着当前我国普通本科高校大学英语教学存在的问题和矛盾，大学英语教师以及大学英语教学管理者应该有一个清晰的认识，各高校应该结合自身的实际情况，以及社会的需求，还要考虑大学生的需求等诸多因素，根据新时代人才培养的要求，在《新指南》背景下开展适合本校实际情况大学英语课程建设，努力采取有效的针对性的改革措施，探究大学英语教学改革新路子，实行一校一策，创新大学英语课程教学，不断提高我国的大学英语教学质量。

第二节　大学英语教学与教学改革的理论依据

大学英语教学是高等教育的重要组成部分，是大学生的必修基础课。目前，大学英语课程已成为“高等教育的组成部分”。它不仅是一门基本的语言知识课程，更是一门拓宽知识、了解世界文化、传播中华文化的素质教育课程。

一、《新指南》的教学指导与要求

2020 年 10 月 18 日，教育部高等学校大学外语教学指导委员会在北京发布了《大学英语教学指南》(下称《新指南》)。本次会议由教育部大学外语教学指导委员会、高等教育出版社共同主办。《新指南》继承了《指南》(2015 版)的重点内容：大学英语课程的性质，工具性和人文性；大学英语教学目标，分为基础、提高、发展三个层次；大学英语课程设置，包括三类课程：通用英语、特定用途英语和跨文化交流。据了解，《新指南》在课程思想、教学要求、教学内容、教学方法和手段、教师发展五个方面进行了重要修订。

《新指南》在“课程定位与性质”部分明确提出：大学英语教学要积极融入学校课程思政教学体系，使其在贯彻落实高校思想政治教育基本任务中发挥重要作用。树立高校道德风尚。《课程设置》部分提出，课程设置要以立德树人、提高课程质量、满足一流课程建设要求、体现高水平创新和挑战为根本任务。整合课程的思想政治理念和内容。有机整合课程。《新指南》的教学要求有机融入《中国英语能力量表》的相关内容。《新指南》充分利用量表的发展成果，参照量表相关层次的描述，结合大规模问卷调查的结果。在教学要求的描述中，提供了总体描述和语言个人技能描述。

《新指南》还明确提出，大学英语教材编写的指导思想要体现新时代要求，体现党和国家对教育的基本要求，服务高等教育教学和人才改革。培训，要体现人类文化知识的积累和创新。教材选用，要自觉融合社会主义核心价值观和中华优秀传统文化，引导学生树立正确的世界观、人生观和价值观，及时反映世界科技新进展，吸收人类文明的杰出成就，为培养具有前瞻性和国际化远见的人才提供有力支撑。在信息化、智能化时代，多媒体技术、大数据虚拟现实人工智能技术等现代信息技术已成为外语教育教学的重要手段。倡导高校充分利用信息技术，积极营造多元化教学环境，建设或利用在线开放课程、线下课程、线上线下混合课程、虚拟仿真个性化课程等精品课程，实施混合教学。教学模式，要使学生朝着主动学习、自主学习和个性化学习的方向发展。

《新指南》对高校大学英语教师提出了新要求。《新指南》从教育素养、学科素养、教学素养、科研素养和信息素养五个方面提出了提高大学英语教师素养的具体要求。《新指南》为高校促进大学英语教师发展提出了重要的指导意见。一方面，建议高校重视大学英语教师队伍建设，不断优化大学英语教师结构，系统提高大学英语教师实力和竞争力，建立健全大学英语教师队伍和培训体系，加强大学英语教师职业生涯规划和指导；另一方面，鼓励大学英语教师主动适应高等教育发展的新形势和大学英语教育教学的新要求，不断提高自身五方面素养，努力成为理想信念，厚德载物，厚积薄发，新时代有仁慈之心的好老师。我们相信，《新指南》将对指导全国普通高校制定大学英语教学大纲、开展大学英语课程建设、实施大学英语课程教学与评价等方面发挥重要作用。

二、现代教育理论

（一）建构主义理论

建构主义是认知心理学的一个分支。建构主义认为，知识不是由教师传授的，而是学习者在一定语境即社会文化背景下获取知识的过程中，在其他人（包括教师和学习伙伴）的帮助下，使用必要的学习材料，通过意义建构的方式获得的。由于学习是在一定情境即社会文化背景下，通过人际协作活动，在他人的帮助下，实现意义建构的过程，因此建构主义学习理论认为，情境、合作、对话、意义建构是学习环境中的四大要素或属性。建构主义理论的主要代表有：J. Piaget、O. Kernberg、RJsternberg、D. Katz、Vogotsgy。认知建构主义强调个体学习者的主观能动性，强

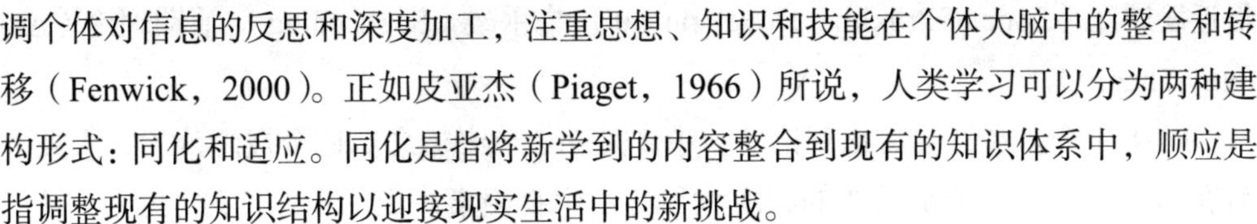

调个体对信息的反思和深度加工，注重思想、知识和技能在个体大脑中的整合和转移（Fenwick，2000）。正如皮亚杰（Piaget，1966）所说，人类学习可以分为两种建构形式：同化和适应。同化是指将新学到的内容整合到现有的知识体系中，顺应是指调整现有的知识结构以迎接现实生活中的新挑战。

建构主义认为，知识不是对现实的纯粹客观反映，而只是对客观世界的一种解释、假设。随着人们认识的加深，它会不断变化和深化，会出现新的解释和假设。在解决具体问题时，需要根据具体问题的语境对原有知识进行再加工和再创造。此外，虽然语言赋予了知识一定的外在形式，并获得了更普遍的认可，但这并不意味着学习者对这种知识的理解是一致的。因为对知识的理解也需要个人根据自己的知识和经验进行建构，也取决于特定语境下的学习过程。

建构主义认为，知识不是对现实的客观反映，而只是对客观世界的一种解释、假设或假设。随着人们认识的加深，它会不断变化和深化，新的解释也会出现。假设在解决特定问题时，需要根据特定问题的上下文对原始知识进行再加工和再创造。此外，虽然语言赋予了知识一定的外在形式，获得了更普遍的认可，但这并不意味着学习者对这些知识有一致的理解。因为对知识的理解也需要个人根据自己的知识和经验进行建构，也取决于特定语境下的学习过程。

建构主义认为，教学不能忽视学习者已有的知识和经验，不能简单地强行用外界的知识“填满”学习者，而应以学习者原有的知识和经验为新知识的增长点。引导学习者从原有知识和经验中主动建构新的知识和经验。教学不是知识的传递，而是知识的加工和转化。教师与学生、学生与学生需要共同探索一些问题，并在探索过程中相互交流和提问。

（二）社会文化理论

社会文化理论是由苏联心理学家维果茨基提出的，其强调社会文化因素在人类认知功能的发展中起着核心作用。它强调语言是一种社会文化现象，语言学习者通过将语言应用到行为实践中获得一定的语言文化知识，消除了语言使用与学习的界限。该理论认为，人的心理功能从根本上是一个以文化产品、活动和观念为中介，受媒介（语言是主要的调节手段）调节的过程。在这个理论框架内，人类被理解为利用原有的文化工具来创造新的文化工具，并用这些文化工具来调节自己的生理和行为活动。语言的使用、组织和构建是中介的主要手段。人类认知活动最重要的形式是通过社会和物质环境内的相互作用而发展起来的。社会文化理论促使我们从新的角度审视二语习得的社会环境。

社会文化理论的核心组成部分包括中介（Mediation）、内化（Internalization）、最近发展区（Zone of Proximal Development）、搭手架（Scaffolding）、活动理论（Activity Theory）。

（1）中介。在社会文化理论中，中介是一个核心概念。这个概念认为，人类生活在两个世界，一个是具体的物质世界（由生物因素决定的低级心理功能），另一个是抽象符号的世界(由社会文化因素决定的高级心理功能)。在具体的物质世界中，人类用自己的手和心作为活动的中介工具；在抽象的符号世界中，我们将语言作为心理活动和心理控制的中介心理工具。即语言符号在社会文化交流与互动中发挥着媒介作用，同时也影响着人类的思维活动，是自发的，使人们能够进行规划和理性思考。监管是调解的主要形式。人们通过调节我们的物质世界、社会和心理来促进人类的各种活动。在适应阶段，儿童在语言学习过程中也逐渐进行语言适应活动。这个过程一般分为三个阶段，即对象调整、他人调整和自我调整。对象调整是指儿童受周围环境影响而进行的调整；他人调整是指儿童在大人的指导和帮助下的行为和思维的调整；自我调节是指儿童在处理问题时调整自己的语言和行为。在外语和第二语言的学习中，他人的调整是学生在老师和家长的帮助下的协同学习，自我调节是指学生可以依靠自己的能力进行自主的语言学习。

（2）内化。内化是思想和观点与他人的一致性。你认同的新想法和你原来的想法和信念结合在一起，形成了一个统一的态度系统。这是人与人之间、个体之间、个体与环境之间的碰撞所形成的，是内在心理功能转化的过程。即人在生活中得到经验后，一些受社会环境影响的现象，通过人脑的思维过程，通过同化和适应两种机制,传递到我们心里,形成一种相对稳定的状态。形成这个过程的认知结构是内化。人类思维的发展是社会文化碰撞融合的结果，最终形成人类的高级认知功能。维果茨基指出，人类思维发展的第一条客观规律是，人们作为中介的心理功能并不是从内部自发产生的。它们只能在人们的协作活动和人与人之间的互动中产生。从社会集体合作活动向个体独立活动转变的过程就是内化机制。心理间平面和心理内平面之间的相互转化是内化的过程。

（3）最近发展区。最近发展区和搭手架是与学习相关的两个重要概念。维果茨基指出，儿童的发展要经历两个阶段，即儿童的实际发展水平，及儿童心理功能的发展水平与更有能力的伙伴一起解决问题的潜在发展水平的差异。前者是由孩子独立解决问题的能力决定的，而后者是由成人指导和同伴的合作决定的。最近的发展区预示着孩子未来能够独立做事，发挥一定的智力功能，从前者向后者转变的过程被维果斯基称为文化发展的一般规律，即每个项目在这个过程中出现两次儿童发展的过程，或表现为两个层面，一是人与人之间的社会层面，二是个体内部的心理层面的控制能力。这种从在他人帮助下完成的特定动作转变为不依赖外力的动作的过

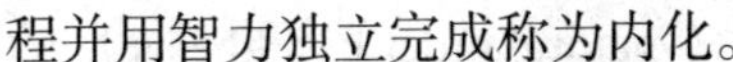

程并用智力独立完成称为内化。

（4）搭手架。与最近发展区密切相关的是搭手架，即大人或指导员帮助儿童或新手解决问题完成任务的行为，即儿童和新手不能独立使用某些知识来实现目标，但是他们可以借助对话或帮助。搭手架有助于实现其目的。Wood 提出了 6 种结构，即吸引学习者的兴趣、简化任务的难度、保持学习者完成任务的积极性、强调任务的重要特征、减轻孩子的压力和沮丧、展示完成任务的计划和任务。对于语言学习者来说，他们与同龄人之间的合作反映了在支持的影响下发展区域的近期改善。学习能力强的学生和学习能力差的学生可以建立支持，通过分享信息和提供帮助，能力强的一方可以为对方提供学习提示和指导，让学习能力差的学生看到实际水平与潜在发展水平的差距，进而激发自己的潜力［1］。

（5）活动理论。活动理论是维果茨基提出的，后经其学生里昂塔夫发展成为独立的理论。维果茨基认为：活动可以作为观察和研究意识的框架，意识是心理学研究的对象，但只能在行为层面上进行观察。活动不仅指做事，而且指在生理需要的影响下有目的地做事。人类行为包括三个层次：活动层次（activity）是由生理和社会需要驱动的；行动层面（action）是面向目标的行为；实施层面（operation）是自动或熟悉当前社会物质条件的行为反应。与这三个层次相对应的是动机、目标和条件。行为与活动家的有意识或无意识动机有关。没有无动于衷的行为；行动从属于有意识的行动。目标，执行是实现目标的具体行为。总之，目标决定方向，动机决定努力程度，行为是在特定情况下进行的。

（三）二语言习得理论

20 世纪 60 年代以来，有人开始研究人们获得语言能力的机制，特别是获得外语能力的机制，希望能得到一些突破性的方法来指导我们的第二语言学习。他综合了语言学、神经语言学、语言教育和社会学，慢慢发展出一门新学科，叫做“第二语言习得”。二语习得理论是人们研究学习第二语言的过程的理论。第二语言习得分为两大流派：行为主义学说（behaviorism）和固有观念学说（innatism）。前者以美国著名教授 Stephen D Krashen 为代表，他认为学习者与周围环境的交流会导致语言习得。自 20 世纪年代以来，Krashen 教授专注于第二语言习得的研究，并于 80 年代初出版了两部主要专著：《第二语言习得与第二语言学习》（Second Language Acquisition and Second Language Learning）（1981）和《第二语言习得的原则与实践》（1982）；同时，1982 年与 T. Terrell 共同出版了《自然之路》（The Natural Approach）。在这三本书中，克拉申教授通过分析第二语言习得的过程，系统地阐述了他的第二语言习得理论。

克拉申的第二语言习得理论由习得 - 学得差异假设（ acquisition-learning hypothesis)、监检假设(monitor hypothesis)、自然顺序假设(natural order hypothesis)、输入假设(input hypothesis)、情感过滤假设(affective-filter hypothesis)五个假设组成。

1. 习得 - 学得差异假设

Krashen 教授的出发点是区分习得和学习，理解两者在二语能力形成中的作用。克拉申教授认为，学习不等于习得，学习不能成为习得。学习者在第二语言学习中的流畅性是学习者习得的结果，而不是学习的结果。根据这个假设，成年人通过两种完全不同的方式逐渐获得他们的第二语言能力。第一种方法是语言习得。这个过程类似于我们母语能力的发展过程。这是一个无意识和自发的学习过程。第二种方法是语言学习，即通过听教师讲解语言现象和语法规则，辅以有意识的练习、记忆等活动，达到对所学语言的理解和语法概念的掌握。

克拉申教授认为，习得的结果是潜意识的语言能力，学习的结果是对语言结构的有意识的把握。克拉申教授认为，只有语言习得才能直接促进第二语言能力的发展，帮助我们真正实现使用语言的状态；而对语言结构的有意理解只能在语言的使用中发挥作用。它不能被视为语言能力本身的一部分。克拉申教授强调，习得是第一要务，但并不排除学习的作用。

2. 监检假设

监检假设与习得 - 学得差异假设密切相关，它体现出语言习得与语言学习的内在关系。根据这个假设，语言习得和语言学习的作用是不同的。Lightbourn & Spada(拉依波恩和斯帕达)指出，学习系统起到监视器的作用，对习得系统生成的语言进行微小的更改和改进。一般来说，语言习得可以“引导”人说第二语言，直接关系到人的流利程度；而语言学习只是一种监督检查。当人说话时，话语是由学习系统产生的，经过学习系统的监督后，成为“咒语”并对其倾诉。同时，克拉申指出，监督检查能否有效取决于三个条件：充足的时间、对语言形式的重视和对语法规则的理解。这里，充足的时间是指语言使用者必须有足够的时间来有效地选择和使用语法规则；注意语言形式是指语言使用者的注意力必须集中在所使用语言的形式上(focus on form)，即语言使用者必须考虑语言的正确性；理解语法规则意味着语言使用者必须已经了解他们正在学习的语言的语法概念和语言规则。只有这样，监督检查才能更好地发挥作用，让学习者更好地使用语言。

3. 自然顺序假设

在这个假设中，Krashen 认为人们对语言结构知识的获取是按可预测的顺序进行的。近年来的语言习得研究结果表明，无论是儿童还是成人，无论是母语还是第二语言，他们习得的语言结构都是按照一定的自然顺序进行的；即先习得一些语言结构，再习得一些语言结构。该假说还认为，语言的某些规则学习者容易记忆，但学习者掌握这些规则并不容易。一些实验研究表明，儿童和成人在学习英语作为第二语言时，对进行时的掌握先于过去时，对复数名词的掌握先于所有格名词的掌握。Krashen 指出，自然顺序假设并不要求人们按照这个顺序来制定教学大纲。事实上，如果我们的目标是获得某种语言能力，那么不按任何语法顺序进行教学是有理由的。

4. 输入假设

作为（Krashen）语言习得假说的一个重要假设，其核心观点是，要实现语言习得，学习者必须通过阅读和听力吸收语言材料，材料必须略微超出学习者当前的水平并被学习者理解。这一假设反映了克拉申对第二语言学习者如何接收和吸收语言材料的实质性理解。他认为，只有当学习者接触到“综合输入”（comprehensive input），即略高于他现有语言技能的第二语言输入时，他才能专注于意义或语言。所谓可理解的语言输入，用公式表示，就是“i+1”。在该理论中，克拉申将学习者当前的水平定义为“i”，“i+1”是学习者容易接受和习得的语言输入水平。借助语境和语言外信息，学习者理解“i+1”的语言材料，进而实现语言习得，提高语言能力。如果输入的语料太深或远高于学生当前水平，即“i+2”，或太浅且低于学生当前水平，即“i+0”或“i — 1”，都会造成学习困难理解或不利于语言能力的提高。此外，克拉申还指出，理想的输入应具备可理解性（comprehensibility）、既有趣又相关（interesting and relevant）、非语法程序安排（not grammatically sequenced）和足够的输入量（sufficient input）这几个特点。

可理解性是指理解输入语言的编码信息是语言习得的必要条件。难以理解的（incomprehensible）输入只是一种噪音。只有学习者理解的语料库才能有助于语言习得；语料库既有趣又有趣。相关性是指为了使语言输入有利于语言习得，需要选择有趣的、相关的语言输入材料，并对所选材料进行加工处理。输入的语言材料越有趣、越相关，学习者就会在不知不觉中习得语言；非语法编程是指如果学习者的目的是“习得”而不是“学习”，则教学不一定按语法程序安排，只提供足够的可理解输入。充足的输入是指为了真正掌握一种新的语言结构，学生需要长时间的阅读和大量的听力练习才能有兴趣的学习，从而实现语言习得。克拉申还指出，输入假设与习得密切相关，而不是学习；同时，他也强调，不应强迫学习者过早地使用语言，在使用前必须保持一定的可理解输入量。在他看来，很多第二语言学习者都会经历一段沉默期，在此期间他们会收到足够多的可理解语料输入来实现语言习得。

5. 情感过滤假设

情感过滤假说从心理学的角度分析了语言习得的机制和影响语言学习的因素。该假说认为，大量可理解的语言输入并不表示学生能很好地学习目标语言，第二语言的学习过程还受到诸多情感因素的影响。克拉申认为语言习得的实现是基于对输

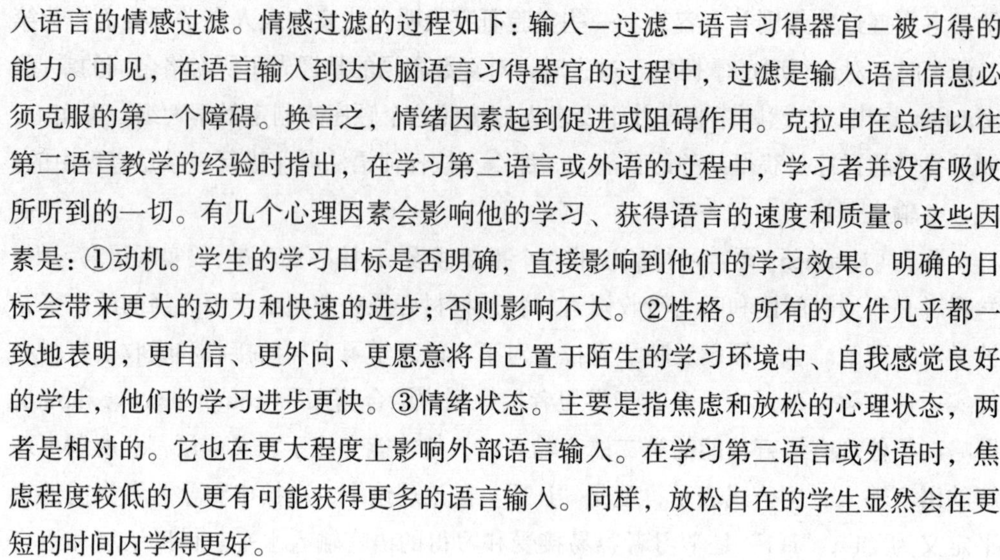

入语言的情感过滤。情感过滤的过程如下：输入－过滤－语言习得器官－被习得的能力。可见，在语言输入到达大脑语言习得器官的过程中，过滤是输入语言信息必须克服的第一个障碍。换言之，情绪因素起到促进或阻碍作用。克拉申在总结以往第二语言教学的经验时指出，在学习第二语言或外语的过程中，学习者并没有吸收所听到的一切。有几个心理因素会影响他的学习、获得语言的速度和质量。这些因素是：①动机。学生的学习目标是否明确，直接影响到他们的学习效果。明确的目标会带来更大的动力和快速的进步；否则影响不大。②性格。所有的文件几乎都一致地表明，更自信、更外向、更愿意将自己置于陌生的学习环境中、自我感觉良好的学生，他们的学习进步更快。③情绪状态。主要是指焦虑和放松的心理状态，两者是相对的。它也在更大程度上影响外部语言输入。在学习第二语言或外语时，焦虑程度较低的人更有可能获得更多的语言输入。同样，放松自在的学生显然会在更短的时间内学得更好。

第三节　大学英语教学改革分级方案

一、整体方案

为了更好地贯彻《教育部关于深化本科教育教学改革全面提高人才培养质量的意见》和《大学英语教学指南》精神，结合学校、院系和学生的实际情况，秉持“服务学校发展，满足学生不同需求，强化学生英语综合应用能力”的改革理念，经研究决定，从 2022 级起实施大学英语课程“分级 + 选修”的新模式。新模式根据学生入学英语水平测试及学能差异设置 A、B 共 2 个级别，辅之以不同模式的教学实践安排及选修方案，以满足新时代学生发展和社会人才的多元化需求。

A、B 级的设置主要依据学生英语水平测试并兼顾专业需求。具体安排如下：全校非英语专业学生（专升本专业除外）入学后，根据“大学英语入学分级水平测试成绩”进入 B 级或 A 级学习，比例约为 70% 和 30%；A、B 两级自第二学期起实行动态管理。

二、课程及分级设置

大学英语必修课程在第一至第三学期开设，共计 12 学分，192 学时（艺术类专业在第一至第二学期开设，共计 8 学分，128 学时）。必修课程主要由通用英语课程、后续英语拓展课程（限定性选修，含在线英语课程）组成，但不同级别各有侧重。

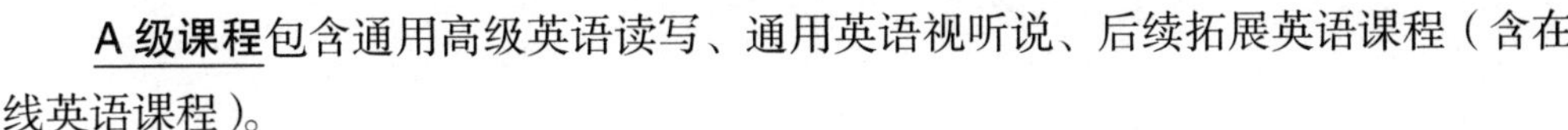

A 级课程包含通用高级英语读写、通用英语视听说、后续拓展英语课程（含在线英语课程）。

B 级课程包含通用中级英语读写、通用中级英语视听说、后续拓展英语课程（含在线英语课程）。

以上内容将根据实际教学过程适当调整。

第四学期至第七学期，所有学生均可自主选修文化类、高级语言技能以及学术英语（EAP）、专门用途英语（ESP）、考研英语等课程。

三、程成绩认定及相关说明

（1）A、B 级根据各课程开设情况采取不同的成绩认定办法。

（2）为提高学生学习英语的积极性，A 级学生期末成绩以卷面分乘 1.10 系数计算，但成绩乘以系数后最高不超过 95 分。成绩系数记录办法仅限于课程当学期正常考试，补考及重新学习不享受该激励措施。

（3）自第一学期末考试后，A、B 两级实行动态管理，采用分流制度。实施方法如下：

① A 级学生期末总评成绩不合格者，将于下一学期自动降为 B 级；

② B 级学生期末考试卷面成绩或学期总评成绩达到 90 分以上，可申请转入 A 级；

③ A 级学生可根据实际学习情况及自身意愿申请转入 B 级。

四、免修规定

第二学期末参加全国大学英语四、六级考试或国才考试初级中级成绩合格的（四、六级达到 425 分以上）的学生可免修大学英语 III，但要修读大学英语后续拓展课程。

五、重新学习

大学英语必修课程不合格者，须参加补考，补考不合格者须重新学习。重新学习学生原则上应重新修读相应级别的英语课程，并在学期初由学生本人申请参加下一届相应级别课程学习。成绩认定按照学校学籍管理规定进行。

第三章　大学英语课程体系的重构与实践

第一节　课程的定义

课程是教育目标、教学内容、教学活动方式的规划和设计，是教学计划、教学大纲等多方面实施过程的总和。课程也是教学策略、学习成果、教学评估、教学环境和学生学习风格的复杂组合。美国学者 J I Gollad 总结了五种不同的课程：第一种叫做理想课程，指的是一些教育研究机构和课程专家应该开设的课程。是否开办这种课程主要看是否满足社会需求，而且必须经过官方认证，最终决定是否采用和实施。第二类课程是正规课程，是指教育行政部门规定的课程计划和教材。第三种叫做理解课，指的是老师理解和理解的课程。由于教师对正规课程的解释有多种方式，所以老师对课程的理解与正规课程会有一定的差距。教师改造后形成的，又称“教师自定义课程”或“改编课程”。第四类是实施课程，是指在课堂上实际开发的课程。第五类是实践课，指学生实际体验的内容。

第二节　课程目标

课程目标是指课程本身要达到的具体目标和意图。它规定了处于一定教育阶段的学生在通过课程后期望在知识和技能、情感态度和价值观的发展方面达到的程度。课程目标是确定课程内容、教学目标和教学方法的依据。从某种意义上说，所有的教育目标都必须通过课程的中介来实现。确定课程目标，首先要明确课程与教育目标、培养目标的联系关系，确保这些要求在课程中得到体现；二要深入研究学生特点、社会需求、学科发展。基于此，可以确定有效的课程目标。课程目标还应注意教师教与学生学的关系，以及课程内容与社会需求的关系。

课程目标的特征包含整体性、阶段性、持续性、层次性、递进性、时间性。整体性指各级各类的课程目标都是相互关联的，而不是彼此孤立的；阶段性指课程目

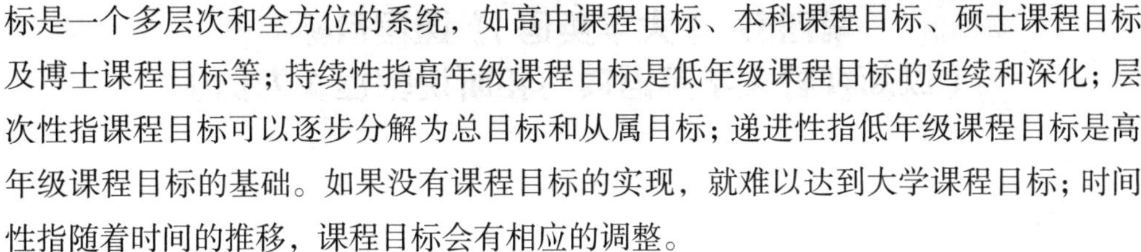

标是一个多层次和全方位的系统，如高中课程目标、本科课程目标、硕士课程目标及博士课程目标等；持续性指高年级课程目标是低年级课程目标的延续和深化；层次性指课程目标可以逐步分解为总目标和从属目标；递进性指低年级课程目标是高年级课程目标的基础。如果没有课程目标的实现，就难以达到大学课程目标；时间性指随着时间的推移，课程目标会有相应的调整。

第三节　大学英语课程目标

《新指南》指出：大学外语教育是我国高等教育的重要组成部分，对促进大学生知识、能力、素质协调发展具有重要意义。大学英语课程是高校人文教育的一部分，具有工具性和人文性的双重性质。大学英语课程的工具性是人性的基础和载体，人性是工具性的升华。大学英语需要在课程建设、教材编写、教学实施等各个环节充分挖掘其思想情感资源，丰富其人文内涵，实现工具性与人文性的有机统一。在工具性方面，进一步提高学生在英语听、说、读、写、译等语言方面的综合应用能力，获得在学术或专业领域进行国际交流的相关能力。大学英语课程是基础教育阶段英语教学的推广和拓展。学生学习和掌握英语,学习和交流先进的科学技术或专业信息。《新指南》指出:人文的核心是以人为本,弘扬人的价值观,注重人的综合素质的培养和全面发展,了解外国社会和文化，增强对不同文化的理解。社会主义核心价值观应有机融入大学英语教学内容。要充分挖掘大学英语课程丰富的人文内涵，实现工具性与人文性的有机统一。

以福建商学院大学英语课程为例，大学英语课程是全校非英语专业的一门公共必修课程。该课程为适应我国高等教育发展的新形势，深化教学改革，提高教学质量，满足新时期国家和社会对人才培养的需要。该课程以《大学英语教学指南》(2020版)为基准，从学生入学水平以及社会需求的角度出发，旨在全面提高学生的英语听、说、读、写、译的综合实际应用能力，跨文化交际意识和交际能力，发展自主学习能力；同时，大学英语课程将充分挖掘思政元素，在教学过程中将思政的内容与要素巧妙无痕地融入语言教学活动中。努力提高学生综合文化素养，培养人文精神和思辨能力，特别是养成家国情怀，继承和弘扬中华优秀传统文化，践行社会主义核心价值观，做有理想有信念的青年，养成成就感和文化自豪感；培养学生国际视野，增进对“人类命运共同体”的理解，从而使学生在学习、生活和未来工作中能恰当有效地使用英语，满足国家、社会、学校和个人发展的需要，并树立正确的世界观、人生观和价值观。

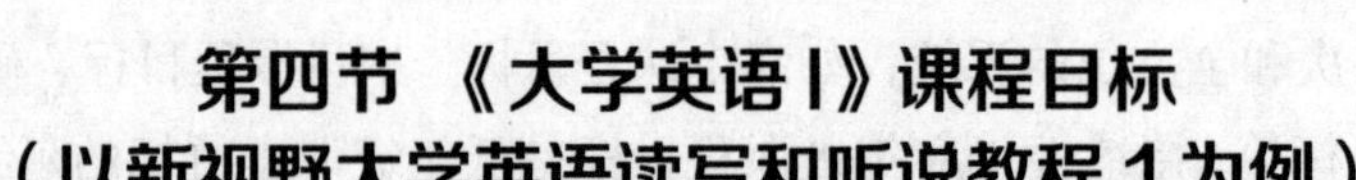

第四节 《大学英语Ⅰ》课程目标（以新视野大学英语读写和听说教程 1 为例）

一、知识目标

1.1 学习与大学教育相关话题有关的词汇、短语、句型表达法。

1.2 学习文章脉络分析方法。

1.3 了解由主题句和细节支撑构成的段落写作方法。

1.4 学习探讨父母对孩子的关怀与期待，孩子对父母的依恋与敬爱的词汇、短语、句型表达法。

1.5 学习文章一因多果以及一果多因的分析方法。

1.6 学习议论文写作。

1.7 学习互联网时代对学习生活产生影响的词汇、短语、句型表达法。

1.8 学习文章脉络分析方法。

1.9 学习说明文写作。

1.10 学习体育精神的词汇、短语、句型表达法。

1.11 学习文章时间写作顺序方法。

1.12 学习议论文写作。

1.13 学习不诚信的各种现象（社会、校园）的词汇、短语、句型表达法；

1.14 学习文章脉络分析方法。

1.15 学习议论文写作。

1.16 了解大学英语四级题型。

1.17 了解期末的考试题型和范围。

二、能力目标

2.1 能掌握由主题句和细节支撑构成的段落写作方法，并完成相关主题写作。

2.2 能熟练阅读文章，理清文章脉络，掌握文章主旨。

2.3 能掌握表达大学教育相关的听力技巧。

2.4能利用亲情相关词汇，完成“如何跟父母保持良好的关系”相关主题写作。

2.5 能熟练阅读议论文，理清文章因果关系，掌握文章主旨。

2.6 能掌握大学英语考试中的长对话的解题技巧。

2.7 能利用互联网相关词汇描绘变化影响，完成相关主题写作。

2.8 能熟练阅读说明文，理清文章脉络，掌握文章主旨。

2.9 能掌握表达互联网产生的影响的听力技巧。
2.10 能利用运动相关词汇完成相关主题写作。
2.11 能熟练阅读议论文，厘清文章脉络，掌握文章主旨。
2.12 能掌握表达体育精神的听力技巧。
2.13 能利用诚信相关词汇讲述“诚信”的话题。
2.14 能熟练阅读议论文，理清文章脉络，掌握文章主旨。
2.15 能掌握表达校园各种不文明现象的听力技巧。
2.16 能掌握大学英语四级中长篇阅读的解题技巧。
2.17 能掌握期末复习的难点和要点。

三、素质目标

3.1 培养良好的人文素养。
3.2 培养良好的语言感知能力。
3.3 培养良好的观察能力。
3.4 培养良好的想象能力。
3.5 培养良好的推测能力。
3.6 培养良好的记忆能力。
3.7 培养良好的创新思维能力。
3.8 培养良好的自主学习能力。
3.9 培养良好的解决问题能力。
3.10 培养良好的批判思维能力。
3.11 培养良好的团队协作能力。
3.12 培养良好的语言表达能力
3.13 培养学生思辨性思维和交际能力。
3.14 树立学生对中国优秀传统文化的文化自信。
3.15 深刻理解新时期使命格局，厚植爱国情怀。
3.16 弘扬中华民族传统家庭美德，树立正确的亲情观与家庭观。
3.17 传承传统文化的孝义观念，引导学生拥有正确的道德观。
3.18 提高学生爱家爱国的意识。
3.19 分析互联网的利弊，培养学生自主学习分析能力。
3.20 增进学生对网络空间命运共同体的理解。
3.21 引导学生在大学营造一个风清气正的网络空间。
3.22 学习中国优秀运动员和运动团队的永不言弃的拼搏精神。

3.23 培育学生坚韧不拔的意志力。

3.24 激励学生为实现中华民族伟大复兴而不懈努力。

3.25 培育和践行社会主义价值观诚信意识。

3.26 掌握中西方价值观和思维方式的不同。

3.27 增进对人类命运共同体及“和”的思想的理解。

第五节　大学英语课程体系重构实践

为了实现大学英语课程改革的培养目标，同时针对现行的教学中存在的弊端，大学英语课程改革首先进行课程体系的改革，重构大学英语课程体系，改变以往单一的精读课程教学模式，实施分层分级教学，精选课程教学内容，改进教学方法策略，改革考试评价制度，建立新的课程管理体系。

《新指南》指出：根据我国基础教育、高等教育和社会发展的现状和未来发展需要，大学英语教学目标分为基础、提高和发展三个层次。在三级目标体系中，基本目标是针对大多数学生英语学习的基本需求确定的，提升目标是针对入学时英语基础较好的学生的较高需求确定的，发展目标是根据学校人才培养计划的特殊需要和部分有闲暇学生的多样化需求确定的。

《新指南》还指出，大学英语根据三级教学目标提出三级教学要求。基本目标的教学要求主要针对已通过高考英语成绩的学生，是大多数学生本科毕业时应达到的基本要求。提高目标和发展目标的教学要求是针对进入大学时已经达到较高英语水平的学生，也是对英语应用能力有较高要求的专业设置的要求。对于基本通过高考英语成绩的学生，学校可适当调整部分基本目标的教学要求。

为此，我们认为大学英语教学应采取分类指导、因材施教的原则，以满足个性化教学的实际需要。重新制定新的课程体系，改变以往单一的精读课程教学模式。我们将根据学校的类型、层次、生源、学校定位、人才培养目标等，遵循语言教学规律，构建体现学校特色、动态、开放的大学英语课程体系。科学合理的大学英语课程——混合型大学英语教学模式。

混合教学模式包括：

（1）线下与线上的混合；

（2）课内学习与课外学习的混合；

（3）自主学习与合作学习的混合；

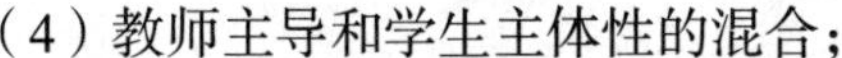

（4）教师主导和学生主体性的混合；

（5）学习知识与学习策略的混合等。大学英语教学模式特别强调线上线下的混合，充分发挥信息技术的作用，结合教师课堂讲授和辅导，使学生可在教师的指导下，根据自己的特点、水平、时间，选择合适的学习内容和学习方法，借助信息技术进行个性化教学与自主学习，增强自主学习能力和合作学习，较快地提高英语综合应用能力；要充分发挥教师的主导作用，发挥学生的主体性，教师除了讲授语言知识外，更要采用灵活多变的、互动的教学方法，对学习策略进行有效指导，调动学生的英语学习兴趣。

大学英语课程体系如下所示

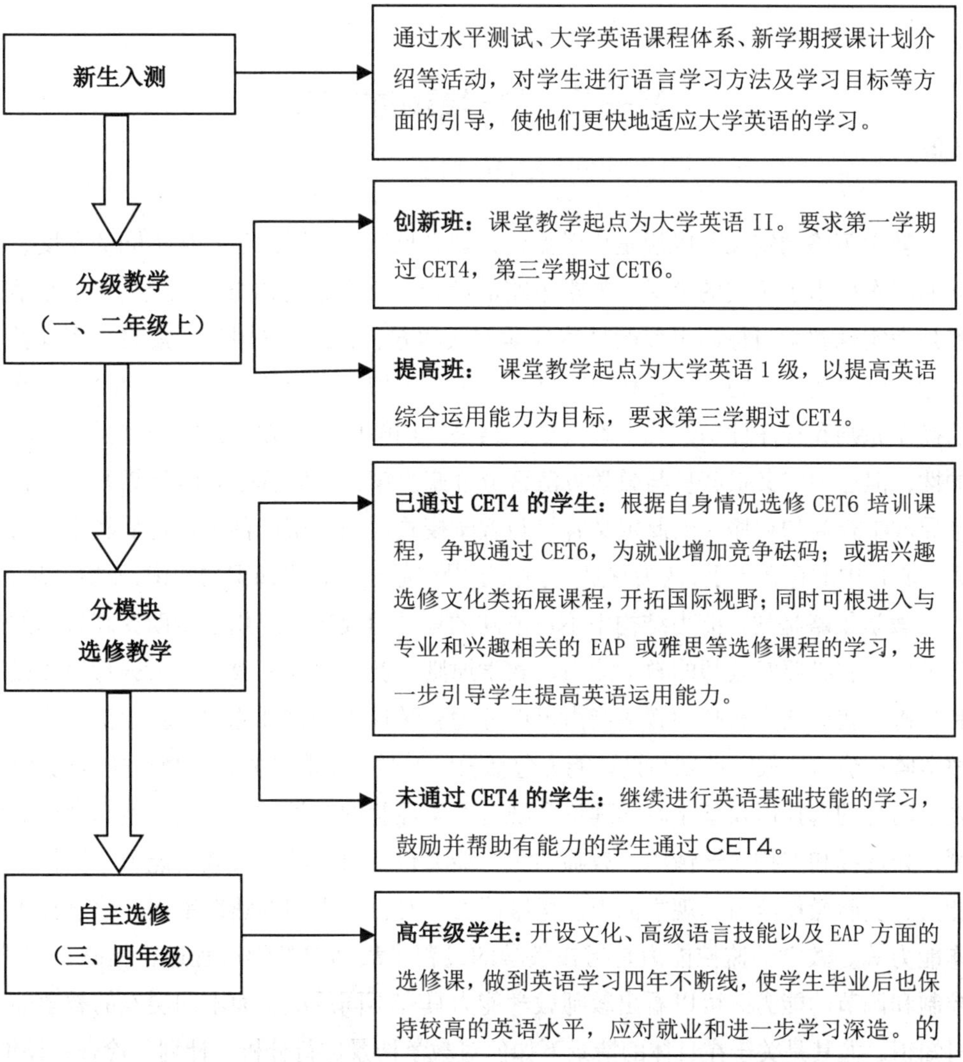

新生入测 → 通过水平测试、大学英语课程体系、新学期授课计划介绍等活动，对学生进行语言学习方法及学习目标等方面的引导，使他们更快地适应大学英语的学习。

分级教学（一、二年级上）

→ **创新班：**课堂教学起点为大学英语 II。要求第一学期过 CET4，第三学期过 CET6。

→ **提高班：** 课堂教学起点为大学英语 1 级，以提高英语综合运用能力为目标，要求第三学期过 CET4。

分模块选修教学

→ **已通过 CET4 的学生：**根据自身情况选修 CET6 培训课程，争取通过 CET6，为就业增加竞争砝码；或据兴趣选修文化类拓展课程，开拓国际视野；同时可根进入与专业和兴趣相关的 EAP 或雅思等选修课程的学习，进一步引导学生提高英语运用能力。

→ **未通过 CET4 的学生：**继续进行英语基础技能的学习，鼓励并帮助有能力的学生通过 CET4。

自主选修（三、四年级） → **高年级学生：**开设文化、高级语言技能以及 EAP 方面的选修课，做到英语学习四年不断线，使学生毕业后也保持较高的英语水平，应对就业和进一步学习深造。的

第四章 大学英语教学策略和自主学习能力培养策略

随着教育教学改革的不断深入，教学策略的研究日益得到每一位教育工作者的重视。特别是新时代新文科建设的开展以及教育教学新成果推动了教学策略的研究和发展。大学英语课程建设也离不开大学英语教学策略的研究。

第一节 教学策略的定义

教学策略的定义可以说是仁者见仁，智者见智。不同的学者从不同的角度、不同的层次提出了不同的意见。教学策略的综合定义大致可以分为三类：一是教学策略是为实现教学目标而采取的具体教学方法和方法；二是采用教学策略来实现教学目标和解决教学问题。三是教学策略是一种关于如何实现教学目标和解决教学问题的操作原则和程序性知识。不难看出，第一种理解侧重于教学策略的可操作性和目的性，但这种定义很容易与教学方法区分开来。第二种解释是教学计划和政策，是指导教学行为的程序，因此定义容易与教学模式混淆。第三种观点是从教学策略在人们心目中的存在入手,认为它是一种关于操作原理和程序知识的知识,不容易理解。

教学策略是教师能力结构中不可或缺的重要组成部分，用于帮助提高教师的教学效率。有必要对教师的教学能力、教学原则、教学模式和教学方法进行简要梳理和分析。我们认为教师的教学能力可以分为教学计划和设计能力、教学执行能力和教学监控能力。教学计划与设计能力包括教师对教学步骤的安排、教学速度的掌握、教学内容的选择以及基于教学理论和现有教学经验的教学方法。能够做出合理的计划，如选择和安排教学情境。教师的执行能力包括教师的口头表达能力、黑板书写能力、实验操作能力、观察能力、思维能力、对教学内容的熟练掌握、信息技术操作能力等。教学的监控能力是指在教学的过程中教师对教学进程进行检查、评价、控制和调节的能力。可以看出教师教学能力具有不同层次，而不同层次的教学能力对知识，尤其是关于在具体的情景下如何对教学情景进行分析、计划、检查、评价、调控的知识的依赖程度不同。

教学原则是根据教育教学目的制定的、反映教学规律的指导教学工作的基本要求。它既指教师的教，也指学生的学，应贯穿于教学过程的方方面面，始终贯彻。教学原则反映了人们对教学活动本质特征和内在规律性的认识，是有效指导教学工作的指导原则和行为准则。教学原则在教学活动中的正确、灵活运用，对于保证教学质量和教学效率的提高具有重要作用。教学原则是在一定的教学思想指导下，在教学活动中应遵循的基本原则，具有抽象性和难操作性。教学模式是在一定的教学思想和教学理论指导下建立起来的。在教学过程中必须遵循相对稳定的教学程序和方法策略体系。该教学模式能够将相对抽象的理论转化为具体的策略，对教学实践起到很好的指导作用。虽然教学模式决定了教学程序，但要开展教学活动，就必须针对具体的教学情况采取具体的教学行为，采取具体的教学方法，选择合适的教学方法。因此，教师能否灵活、恰当地选择和使用教学方法，是决定其教学效果的重要因素。

总之，教学策略是指为完成教学目标和适应学生在特定教学情境中的认知需要而采取的教学计划和教学实施措施。教学策略的本质是教师以教学目标为方向，以教学形势为条件，对教学过程进行计划、设计、执行、检查、评价、控制和反思的过程性知识。我们认为，教学策略的功能之一是选择、监督和规范教学方法及其实施过程。

第二节 教学策略的特征分析

教学策略作为以解决教学中各种问题为目标指向的有效知识系统，有其独特而鲜明的特征。

一、教学策略的综合性特征

过去，教学理论从静态的角度分析教学模式、教学方法、教学目标等因素，而忽视了它们的整体性。这必然会事半功倍，影响其理论价值和操作效果。运用教学策略的目的是通过教学模式、教学方法、教学目标等因素的选择和调节，提高教学效果。因此，在教学策略的指挥下，可以整合教学要素，体现整体优势。

二、教学策略的可操作性特征

教学策略的作用不是抽象地提出教学活动的基本要求，而是制定基本的指导方针，这就是教学原则的任务。教学策略应用的意义不在于在空间和时间维度上为教

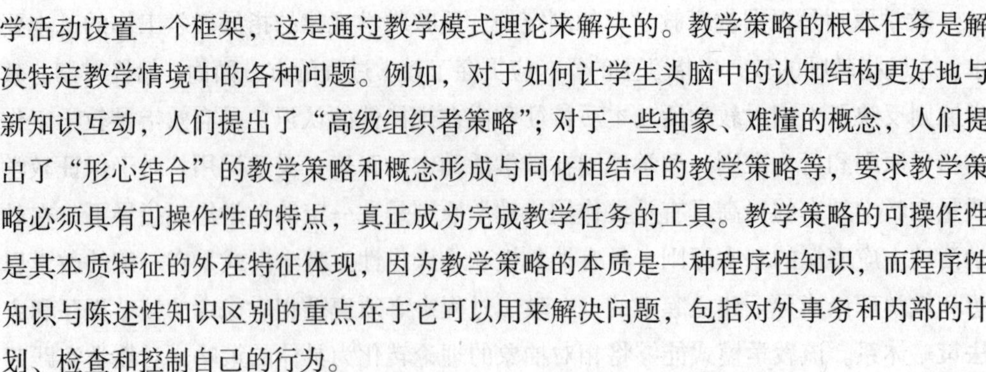

学活动设置一个框架，这是通过教学模式理论来解决的。教学策略的根本任务是解决特定教学情境中的各种问题。例如，对于如何让学生头脑中的认知结构更好地与新知识互动，人们提出了“高级组织者策略”；对于一些抽象、难懂的概念，人们提出了“形心结合”的教学策略和概念形成与同化相结合的教学策略等，要求教学策略必须具有可操作性的特点，真正成为完成教学任务的工具。教学策略的可操作性是其本质特征的外在特征体现，因为教学策略的本质是一种程序性知识，而程序性知识与陈述性知识区别的重点在于它可以用来解决问题，包括对外事务和内部的计划、检查和控制自己的行为。

三、教学策略的问题情境性特征

教学策略是因解决教学过程中出现的问题的需要而存在，而教学中又很难出现两个完全相同的问题，它们都会因地、因事、因人和教学内容、教学目的的不同而不同，这就要求教学策略的选择和使用必须要关注具体的教学情境。选择和运用教学方法、教学手段、制定教学计划要针对问题情境的特殊性来确定，不能只凭经验和旧有的图式来解决问题。当原有的方法、策略不能解决新问题时还要在原基础上创造新的策略来排除障碍 ，这样，“教学策略才是从问题的特殊情境中产生，又针对问题的特殊性，为解决问题服务的知识。”

四、教学策略的目标指向性特征

一般来说教学策略的选择和运用都是为了教学目标服务的，是以教学中问题的解决为目标指向的。教师在教学问题解决过程中首先要针对教学问题建立问题空间，不仅要明确学生的知识水平、动机水平、问题的难度、教师的能力水平、教学的进度要求等已知条件，同时还要明确教学问题解决之后所要达到的教学目标在条件和目标确定之后教师便要调用头脑中的程序性知识来建立算子解决问题，可见教学问题的解决过程中目标导向是不可缺少的，这也是教学策略不同于其他教学成分的特点之一。

五、教学策略的灵活多样性特征

教学情境的复杂性、教学策略的多样性以及教师能力的差异性决定着教学问题解决并非只有唯一的途径，而是因地、因时、因人去灵活地选择教学策略。同时教学策略也没有唯一固定的范式，它可以因情境的变化而变化。在教学中随机应变已构成了教学艺术的一个重要因素，可见灵活地施用灵活的教学策略是课堂教学的关键之一。而要做到教学策略的灵活运用，教师必须对各种教学情境有充分的了解，

对各种教学策略了如指掌，对自身教学能力水平及其优缺短长有全面客观的认识。这也是教学策略作为一种程序性知识的本质要求。

六、教学策略的自我生成性特征

教学策略作为教师头脑中认知结构的重要组成部分，作为一种程序性知识并非处于静止、孤立的状态。它在不断地与外界进行信息交流与内部整合的过程中不断地自我完善与扩展，并逐步达到不断分化、融会贯通，最终达到组织化、系统化、策略化、条件化和自动化。在这一过程中教学策略不断地精致化，运用起来更加灵活，同时也会创造出一些策略，使其教学策略系统不断扩展与整合。能思考、善钻研、经验丰富的教师具有教学策略更加灵活多样的原因便在于此。

第三节　教学策略类型

不少学者在探究教学策略的本质的同时，也试图通过合理分类将其系统化，以促进研究的深入。在这方面已经取得了大量的研究成果。有人将教学策略分为方法型策略、内容型策略和任务型策略；有人将教学策略分为基本教学策略和特殊教学策略；有人将教学策略分为教学实施策略和教学监控策略；有人根据问题解决模式将教学策略分为监控策略和应对策略。应对策略分为判断策略、计划策略、执行策略和评价策略。无论分类如何，我们都认为在教学的不同教学环节，要采用不同的教学策略。

第四节　大学英语自主学习能力培养策略探究

一、理论基础

建构主义理论由瑞士著名心理学家皮亚杰于 20 世纪 60 年代提出，后被其他心理学家和教育家（维果茨基等）丰富和发展。建构主义强调知识不是教师传授给学生的，而是学生主动建构的。学习者不是被动刺激的接受者，而是自身知识结构的主动建构者。教师从知识灌输者转变为积极为学生建构意义的帮助者和促进者。正如（Von Glasemfield）（冯·格拉森菲尔德）所相信的那样，“知识不是被动吸收的，而是由认知主体主动构建的。[1]”建构主义理论有利于培养学生在语言学习过程中的创新思维和创造能力。基于建构主义理论的大学英语教学注重以学生为中心，注重学生在学习过程中的主动性和积极性，使学生形成个性化的学习方法，有助于培养学生的英语自主学习能力。

自主学习是在人本主义心理学和认知心理学基础上形成的现代学习理念。Holec，H.（霍莱克，H）认为:“自主学习是指学习者可以管理自己的学习行为，建立学习目标，制定学习计划，选择学习方法，监控学习过程和学习技能的应用和发展，并根据自己的实际情况对自己负责，把握学习过程，自我检查评估。”Little，D.（李特尔，D）将自主学习定义为三种能力，即“进行客观和批判性反思的能力、决策能力和独立行动的能力”。对学习效率的研究证明，与不成功的学习者相比，成功学习者成功的主要原因是他们能够更好地控制自己的学习。因此，培养学生的英语自主学习能力已成为大学英语教学的重要目标之一。

二、大学英语自主学习能力的影响因素

作者曾经对本校非英语专业一年级两个班 82 名学生进行问卷调查。问卷根据建构主义、自主学习等理论编制而成，采用李克特五点量表。问卷从学生的学习行为和学习心理两个方面调查了学生英语自主学习的现状。该量表的计分方法为：试题从 A 到 E 分别计分 5、4、3、2、1，所有试题均为正向题。这样，如果该项目的平均值大于 3，则说明学习自主程度高；反之，则意味着学习自主程度低。共发放问卷 82 份，收回有效问卷 82 份，有效率为 100%。问卷结果如下：

（1）兴趣与动机。问卷统计结果显示，大部分学生对英语学习表现出更高的兴趣，平均值大于 3，但学生对英语学习的兴趣主要来自间接兴趣。他们的学习动机也比较强，但他们的学习动机主要是工具性动机。其中，44% 的受试学生认为学习英语是为了应对考试。67% 的人认为他们坚持学习英语是因为将来会更容易找到工作。只有 22.3% 的人真正坚持学习英语是为了更多地了解外国文化。

（2）自主意识。在自主性方面，问卷统计结果显示平均值大于 3，73.8% 的人认为知识应该由学生自己思考和发现，而不是由教师传授。57.4% 的人不希望老师布置更多的家庭作业来监督他们的学习。说明学生成长水平的提高决定了他们的自主感达到了更高的水平。

（3）自我效能感。问卷的统计结果还显示，学生的自我效能感和主动努力的平均值均低于 3。32.8% 的学生认为自己完全有能力学好英语。只有 13.8% 的学生可以始终努力实现他们的学习目标。 20.8% 的学生能够自觉并努力克服英语学习中的困难（如焦虑、自卑、害羞等不利于学习的情绪因素），坚持学习。说明学生的自

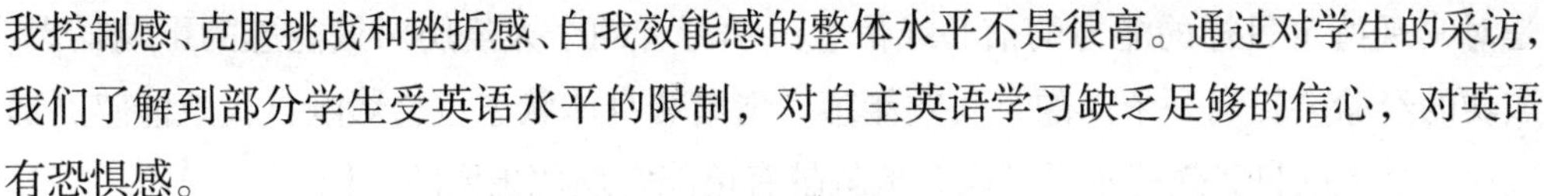

我控制感、克服挑战和挫折感、自我效能感的整体水平不是很高。通过对学生的采访，我们了解到部分学生受英语水平的限制，对自主英语学习缺乏足够的信心，对英语有恐惧感。

（4）学习策略。问卷调查结果显示，在确定目标、制定计划、方法使用和资源利用四个方面的平均分均低于 3，说明学生的自组织能力水平不高。只有 7.3% 的学生有明确的目标，并制定了详细可行的计划。从他们的采访中，他们了解到他们的目标是在毕业前通过 CET-4。没有具体的时间表，他们很少设定短期目标。大多数学生没有详细的每月计划，也没有每周或每天的计划。只有 17.4% 的学生在英语学习时间里总是列出明确的学习任务并努力完成。 17.4% 的人可以继续有意识地探索和学习有效的学习方法。 26.8% 的学生认为英语学习的主要任务不仅仅是完成老师布置的学习任务。高达 52.5% 的学生没有使用互联网学习英语、收听英语广播（如 BBC、VOA 等）、阅读英文报纸或杂志等。

（5）自我管理。自我管理包括三个方面：检查、自我总结和自我评价。问卷调查结果显示，问卷自我管理部分的平均分均低于 3，说明学生自我管理能力偏弱。只有 9.7% 的人能够找到一种方法来自我检查他们所学的知识是否被理解和掌握。7.3% 的学生能总结所学。高达 75.6% 的学生未能总结每周所学的内容。26.8% 的学生能够自觉地发现自己的学习不足和差距。39% 的学生有时能自觉地找出自己学习中的不足和差距。18.3% 的学生能够评价或反思自己的英语学习效果或得失。43.9% 的学生有时会评价或反思自己的英语学习效果或得失。这说明他们还没有形成自我管理的习惯。

结果分析表明，影响学生大学英语自主学习能力的主要因素有以下几个。主要影响因素是影响自主学习能力的内在因素和外在因素。内部因素主要包括兴趣和动机、自我效能感、学习策略和个性特征。外部因素包括教师、教学模式、学习资源环境、社会文化环境等。

1. 内部因素

（1）兴趣与动机。众所周知，兴趣是最好的老师。动机是所有学习背后的驱动力。Gardner Lambert（加德纳・兰伯特）认为动机分为融合动机和工具动机。融合动机是指学习者对目标语言群体有一定的了解或特殊兴趣，希望与他们进行交流或亲近，并最终成为他们中的一员。融合动机也称为深度动机。工具性动机是指学习者的目的是为了获得经济利益或其他利益。他们将外语视为找到一份好工作或追求有利可图的生活的一种方式。工具性动机可以称为表面动机。[4] 许多学生缺乏学好英语的表面和深层动机，缺乏学习动力和学习英语的兴趣。

（2）自我效能感。自我效能感是个人对其成功完成语言学习任务能力的判断，

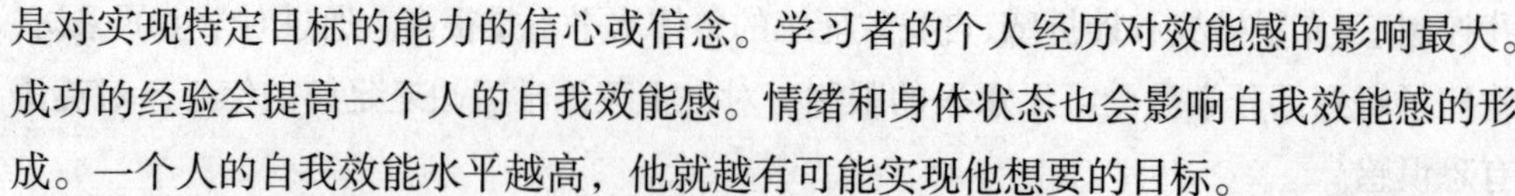

是对实现特定目标的能力的信心或信念。学习者的个人经历对效能感的影响最大。成功的经验会提高一个人的自我效能感。情绪和身体状态也会影响自我效能感的形成。一个人的自我效能水平越高，他就越有可能实现他想要的目标。

（3）学习策略。学习策略的好坏直接决定了学习效果的好坏。库克认为学习策略是“有助于理解、获取或保留信息的特殊思想和行为”[5]。在现代认知心理学中，研究人员一般将学习策略分为认知策略和元认知策略。大学生自主英语学习不仅受其拥有的认知策略数量的影响，还受其元认知策略的影响。

（4）性格。学生性格的差异往往决定了他们不同的学习方式、学习习惯等，在一定程度上会影响学习的效果。学习者是否了解自身的个性特征，构建出与自身个性特征相匹配的自主学习模型，也将影响其自主学习的进一步发展。

2. 外部因素

（1）教师。研究结果表明，教师的人际交往方式与学生的学习动机和成绩密切相关。师生关系融洽，学生将从对教师的信任转变为对学习的自主。在民主教师的引导下，学生更愿意学习，更自主。其次，教师自身具有培养学生自主英语学习的意识和培养学生自主英语学习的能力，其学生就具有较强的英语自主学习能力。

（2）教学模式。教学模式是在一定的教学思想或教学理论指导下建立的相对稳定的教学活动结构和活动程序。不同的教学模式对学生自主学习的影响不同。很多教师过于注重语言知识的讲解，教学过程的内容和学生的行为都受教师控制。教师的绝对权威导致学生缺乏自主学习的意识。

（3）学习资源环境。学习者自由选择的程度取决于自主学习的条件，即自主学习的资源环境。教室、图书馆、阅览室和宿舍都可以作为学习区。根据这些地点的设施和完整的信息资源库，学生可以选择合适的学习地点，借用他们需要的书籍和资料，并拥有直接影响他们自主学习的英语网络资源。

（4）社会文化环境。语言作为一种符号系统，与特定的社会文化环境密切相关。我国特定的社会文化氛围对英语教育有很大的影响。应试教育阻碍了人格的发展，使学生羞于在公共场合发言，害怕挑战和怀疑。“社会和文化环境决定了学习者的态度和动机取向。动机取向反过来影响战略行为，进而影响学习成果。”

三、大学英语自主学习能力培养策略

（1）充分发挥教师自身的作用，建立良好的师生关系，信任和尊重师生是影响大学生自主英语学习的重要因素之一。在教学过程中，教师必须承担建构主义所倡导的学习“指导者”和“帮助者”的角色。大学英语教师需要了解英语自主学习的特点和英语自主学习研究的现状，具备培养自主学习的意识，实现教师自主，形成

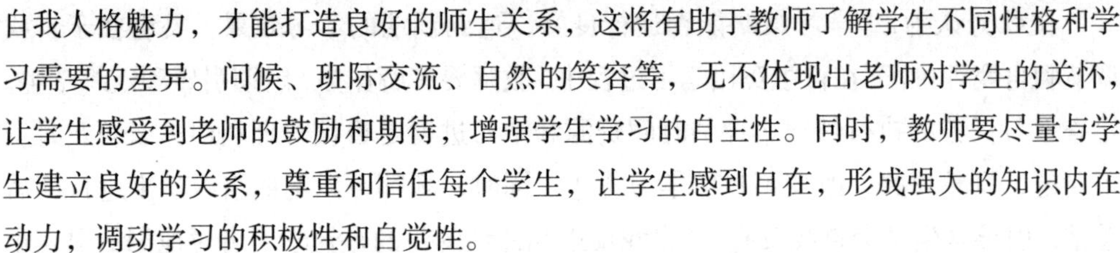

自我人格魅力，才能打造良好的师生关系，这将有助于教师了解学生不同性格和学习需要的差异。问候、班际交流、自然的笑容等，无不体现出老师对学生的关怀，让学生感受到老师的鼓励和期待，增强学生学习的自主性。同时，教师要尽量与学生建立良好的关系，尊重和信任每个学生，让学生感到自在，形成强大的知识内在动力，调动学习的积极性和自觉性。

（2）激发学生的兴趣和动机，增强学生在英语学习中的自我效能感。众所周知，兴趣是最好的老师。动机是所有学习背后的驱动力。学生有明确的学习动机和浓厚的学习兴趣，可以充分发挥学习的主动性和创造性，激发学生的主观意识，从而由被动的知识接受者转变为主动的知识探究者。在教学过程中，教师要根据教学内容和学生的实际情况，巧妙设计教学流程，营造轻松和谐的学习氛围。教师要注意创造兴趣—激发兴趣—诱导兴趣—拓展兴趣四个环节。设定教学目标，创设情境，激发学生的好奇心和求知欲，诱导学生多疑，引导学生探究式学习，培养学生创新思维，激发学生创新精神。教师应选择知识丰富、有趣、地道的语言教材，以任务为中心，组织学生积极参与多种形式的课堂互动交流，让学生不断体验成功。成功的经验会增加绩效预期。持续的成功将使学生建立牢固的自我效能感。

（3）加强学生学习策略培训，着力提高学生元认知能力。“学而不思则罔，思而不学则殆”，强调了学习策略的重要性。O’Malley & Chamot（奥马利和查莫特）认为“学习策略是学习者用来理解、学习或记忆信息的具体方法和行为。”安德鲁·科恩认为，“教师应该充分了解学生在课堂上的感受，在传授知识的同时，还必须提供学习策略的指导，帮助他们成为主动学习者。”尽早对学生进行学习策略的培训，使学生能够养成使用策略和自学的习惯，学习策略包括认知策略和元认知策略。认知策略的培训是帮助学生“学会怎样学习”，使学生了解并掌握各种学习策略技巧。

元认知策略训练是指导和协助学生有效地实施、监控和评估自己的学习过程。在学生进入大学学习的第一年，教师应尽早对学生进行各种英语学习策略的训练，使学生充分认识到运用学习策略，尤其是元认知策略对学习英语的重要性。让学生尽早了解大学与中学教育的区别，引导学生逐步养成策略运用和自主学习的习惯。协助学生及时确定学习目标，制定合理的学习计划。学生要想有效地学习英语，就必须制定具体可行的学习目标和合理有效的学习计划。在教学中，教师要关注学生的个性特点，引导学生根据自身实际情况确定学习目标，帮助学生制定近期和远期目标，并根据目标协助学生制定出近期和中长期的学习计划。短期目标能更好地激发个人的内在兴趣，而长期目标始终引导努力的方向，使学生能够有效、自主地学习，提高教学效果。定期引导学生监控自己的学习情况，能够帮助学生客观评价自己的学习水平。

文秋芳认为，“学习策略能否运行良好，达到预期的学习效果，关键在于自我调节和自我评价。”在自主英语学习过程中，教师要有所作为，定期引导和组织学生。检查学习任务的执行情况，评估时间资源和学习进度是否被合理利用，以便及时发现问题，调整思路，改变不良的学习方法。同时，教师可以定期组织学生进行课后总结，引导学生学会自我反省。“自我反思和评估的目的是让学习者对他们的语言学习活动的规划、实施和监控更加敏感。”要大力鼓励和组织学生合作学习，培养学生合作学习能力。努南认为，“完全自主的学生独立于课堂教学、教师和教科书进行学习，但完全自主的学习很可能是一种理想化而非现实的情况。因此，在现实世界中，特定学生的学习是自主的，位于具有两个极端的连续统一体中。[11]独立性并不是自主学习的唯一特征，自主学习还包含合作学习的要素。在教学过程中，教师要大力鼓励学生合作学习，有目的地组织学生成立合作学习小组。合作学习小组成员共同学习，共同解决学习问题。孙丙堂认为，语言学习是一个社会化的过程，需要在社会语境中通过与他人的交流获得。合作学习本质上是一种集体自学。在合作学习过程中，教师要加强师生合作，引导学生合作，帮助学生查找和使用英语学习资源，及时通过QQ、邮箱等方式了解学生在学习中遇到的问题，有效帮助他们全方位解决学习困难，服务学生。

“授人以鱼不如授人以渔”。今天的教育工作者不仅需要“传道、授业、解惑”，还需要把学习者培养成社会上独立的个体，使学生能够独立成功地生活和工作。培养学生自主学习英语的能力是一项复杂而艰巨的任务，这也是一个漫长而艰难的过程，需要所有教学方的配合。教师作为培养学生自主英语学习能力的直接参与者，要深刻认识到转变教学方式的必要性和紧迫性，及时转变角色，充分发挥自身作用，大胆创新，锐意改革，并勇于实践，以达成培养大学生自主英语学习能力的目标。

第五章　大学英语教学设计与实践研究

第一节　教学设计的定义

加涅（Gagne）曾在《教学设计原理》（*Principles of Instructional Design*）（1988）中对教学设计作如下定义："教学设计是规划教学系统的系统过程。Charles M. Reigeluth（查尔斯·M·瑞格鲁斯）在《教学设计是什么及为什么如是说》中指出："教学设计是一门涉及理解和改进教学过程的学科。任何设计活动的目的都是提出达到预期目的的最佳方法。因此，教学设计主要是一门关于最佳处方的学科教学方法。这些最好的教学方法可以使学生的知识和技能产生多种多样预期的效果。"梅里尔（Merrill）等人在新发表的《教学设计新宣言》中指出，"教学是一门科学，教学设计是基于这门科学的技术，因此教学设计也可以被认为是科学技术"。

美国学者肯普认为："教学设计是运用系统的方法，对教学过程中相互关联的部分的问题和需求进行分析和研究，以连续的方式建立解决它们的方法步骤，进而得出教学结果，并在系统的规划过程中进行评估。"帕顿（Patten，J. V.）在《什么是教学设计》一文中指出："教学设计是设计科学家族的一员。设计科学所有成员的共同特点是利用科学原理和应用来满足人们的需求。因此，教学设计是计划解决学业成绩问题的过程。"

第二节　教学设计的目的

首先，教学设计是将教学原则转化为教材和教学活动的计划。教学设计应遵循教学过程的基本规律，选择教学目标，解决教什么的问题。

其次，教学设计是为实现教学目标而进行的有计划的决策活动。教学设计利用计划和布局安排对如何实现教学目标做出创造性的决策，从而解决如何教学的问题。

第三，教学设计以系统方法为指导。教学设计将教学要素视为一个系统，分析教学问题和需求，制定解决方案大纲，优化教学效果。

第四，教学设计是提高学习者获取知识和技能的效率和兴趣的技术过程。教学设计是教育技术的组成部分，其功能是用系统的方法设计教学过程，使其成为可操作的程序。

第三节 教学设计的原则

为提高教学效率和教学质量，使学生在单位时间内学习到更多的知识，大大提高学生各方面的能力，使学生得到良好的发展。

一、系统性原则

教学设计是一项系统工程，它由教学目标和教学对象的分析、教学内容和方法的选择、教学评价等子系统组成。各个子系统相对独立、相互依存、相互制约。各个子系统之间，各个子系统的功能并不等效，教学目标对其他子系统起到指导作用。同时，教学设计要以整体为基础，在整个教学体系中各个子系统要相互协调，做到整体与局部辩证统一，系统的分析与系统的集成有机地结合起来。最终实现教学体系的整体优化。

二、程序性原则

教学设计是一项系统工程，子系统的排列组合具有程序性特征，即子系统以层次结构有序排列，前者制约和影响后者，后者依赖于后者。并限制前面的子系统。根据教学设计的程序性特点，教学设计应体现其程序的规律性和衔接性，以保证教学设计的科学性。

三、可行性原则

为了使教学设计成为现实，必须满足两个可行的条件。一是满足主客观条件。主观条件应考虑学生的年龄特征、现有知识基础和教师水平；客观条件应考虑教学设备、地域差异等因素。二是可操作性。教学设计应该能够指导具体的实践。

四、反馈性原则

教学效果的评价只能基于教学过程前后的变化和对学生工作的科学衡量。教学

效果评价的目的是获取反馈信息，从而对原有的教学设计进行修正和完善。

第四节　教学设计的基本方法与步骤

（1）教学设计首先要确定教学目的，即从“为什么学”入手，调查教学的需要，明确有哪些资源及学习环境等因素，确定学生的学习需要，最终形成对教学目的和教学目标的一致认识。

（2）根据教学目的，确定课程学习目标，形成课程教学框架，确定具体教学内容，提高学习者的知识与技能、过程与方法、情感态度与价值观，以满足学生的学习需求，也就是确定“学什么”。

（3）为实现具体的学习目标，明确单元学习目标，让学生掌握所需的教学内容和教学方法和策略，即“如何学习”。

（4）要对教学效果进行综合评价，并根据评价结果修改上述环节，确保促进学生学习，实现教学成功。应收集证据以改进教学，使教学更加精细化（形成性评价）。在随后的阶段，进行总结评估，以收集教学设计产生的学习效果的证据。

第五节　教案设计要求

教学设计的最终目的是产生有效的教学。当这一目标实现时，一般会产生一节课或由一系列课构成的模块，并可由教师使用教学材料加以传输，可以通过线上线下的方式呈现。设计一节课或一个模块以便能在单独的课上及由很多节课组成的教程完成。这就是我们通常所说的课程计划。教学计划是根据课程标准、教学大纲和教材要求以及学生的实际情况，以课时或课题为单位，对教学内容、教学步骤、教学方法等进行具体设计和安排。一种实用的教学工具。教学计划包括教材简析和学生分析、教学目的、重点难点、教学准备、教学过程和实践设计等，对各学科教学计划设计有基本要求。每位教师在达到基本要求后，必须写下学科特点和个人教学风格。

一、教案撰写要素

教学计划应该是课堂教学思想的大纲计划。当一个教案设计完成后，一个完整的教案就会在备课老师的脑海中形成。书面教案只是课堂教学过程实施的骨架结构，老师在课堂上说的每一句话、每一个想法、每一句话都不能写进教案。在课堂教学实施过程中，会存在很多不确定因素。备课时要靠充分的准备，靠平时知识的积累，靠真情对待。教师课堂教学有两个依据：一是以课程标准（大纲）为依据，二是以课本（教材）为依据。根据学生的实际情况、教学环境、教师自身能力、社会科学技术的发展变化以及教育教学思想观念变化等因素的影响，不能完全依靠课程标准和教材来充分发挥自身的主观能动性，必须在课堂教学中表现出自己的特色。

（1）知识与技能；过程和方法；情感态度和价值观：课堂教学目标应根据课堂教学的实际情况编写。在知识目标中，经常用“知道”“理解”等词来表达。在技能目标中，经常用“学习”“掌握”“精通”等词来表达。情感目标通常用“体会”“体验”感受来表达。

（2）教学重点和教学难点：教学重点是指本课的主要内容。每节课的设置难度应根据教学环境、学生的认知能力、理解能力、接受能力等进行精心设计。本课的教学难点应该是（这些）学生在本课中难以理解和接受的地方。对于不同的地区、学校的教学环境和学生，教师在教授同一堂课的内容时，教学计划中设置的教学难点也会有所不同。同一个教师所教授的同一节课，在（1）班的课堂教学中，不是难点的地方，在（2）班就有可能是教学的难点。

（3）教学方法学无止境，教无定法：从理论上讲，应该有无数种教学方法。在课堂教学过程中，应根据实际情况采用不同的教学方法，如教学法、任务驱动法、交流讨论法等。本课使用的几种主要教学方法可以写在教学计划中。

（4）教学工具：要明确需要采用哪些教学工具。例如：计算机、网络、投影机、系统软件、应用软件。

（5）板书设计：板书可以突出课堂教学重点，有利于学生理解和掌握知识。对于板书设计，大部分高校教师认识不够。板书设计应该得到重视。

（6）评价与反思：根据教学效果进行教学评价和反思，旨在进一步改善教学。

（7）教学过程：在教学计划中，每个课题或每个课时的教学内容、教学步骤的安排，教学方法的选择、板书的设计、教具或现代教学方法的应用、时间分配、每一个教学步骤等，都必须仔细考虑、精心设计和确定，体现了强有力的规划。

二、教案编写依据

教案的编写应以教学大纲和教科书为基础。从学生的实际情况出发，精心设计。一般要满足以下要求：明确制定教学目标，明确传授基础知识、培养基本技能、发展能力和思想政治教育的任务，合理组织教材，突出重点，解决难点，使学生可以理解和掌握系统的知识。适当的选择和使用教学方法，引起学生的积极性学习，面对大多数学生，要同时注意培养优秀的学生，改善不足的人，以便所有学生都可以发展。复杂而简单的教案写作一般都是有经验的老师写的比较简短，而新老师写的比较详细。平行班使用的同一科目的教案设计应根据班内学生的实际差异而有所不同。原有教学计划可在上课过程中根据具体情况进行调整。课后可随时记录教学效果并进行简报。自我分析有助于积累教学经验，不断提高教学质量。

在实际教学活动中，教案起着非常重要的作用。编写教案有助于教师理解教材的内容，准确把握教材的重点和难点，进而选择科学、适宜的教学方法。有利于教师科学合理地控制课堂时间，更好地组织教学活动，提高教学质量，达到预期的教学效果。

教学是一种创造性的工作。编写优秀的教学计划是设计者教育思想、智慧、动机、经验、个性和教学艺术性的综合体现。教师在编写教案时应遵循以下六项原则：

1. 科学性

所谓科学性，是指教师必须认真贯彻课程标准精神，根据教材的内在规律和学生的实际情况，确定教学目标、重点、难点。设计教学过程以避免智力错误。背离课程标准、背离教材的完整性和系统性，随意编造另一套教案的做法，是绝对不允许的。一个好的教案首先要规范、科学。

2. 创新性

教材不能随意更改。但教学方法灵活，上课方式完全取决于教师的智慧和才能。虽然在备课时需要学习大量的参考资料，充分利用教学资源，听取著名专家的指导，借鉴同行的经验，但上课总是要自己去，这决定教案必须由他们自己编写。教师准备也应该经历类似的过程。从课本的内容到胸中的计划，到纸上形成书面的教学计划，再到课堂实际教学，关键是老师一定要能“从百所学校并建一所学校。”在自己学习教材的基础上，广泛学习各种教学参考资料，向有经验的老师请教，不能照搬，要取精、去糟，要思考、消化、吸收别人的经验。独立思考，再结合个人教学经验，巧妙构思，精心编排，从而写出自己的教案。

3. 差异性

因为每个老师的知识、经验、专长和个性都极其不同。教学是一项创造性的工作。因此，编写教案不能千篇一律，必须发挥每位教师的聪明才智和创造力。因此，教师的教案必须结合地区特点，因材施教。

4. 艺术性

所谓教案的艺术性，就是巧妙的设计，让学生不仅在课堂上学到知识，更获得艺术鉴赏和快乐体验。教案应该是独特的“课堂教学论文”或教科书剧本。因此，开头、段落、结尾都必须循序渐进、精彩纷呈，才能达到立体的教学效果。应仔细考虑教师的课堂语言，如说、谈、提问、讲，该说的一个字不少说，不该说的一个字也不能说，作出适当安排。

5. 可操作性

教师在编写教案时，必须从实际出发，充分考虑实际需要，考虑教案的可行性和可操作性。

6. 考虑变化性

因为我们教的是有生活有能力的学生，因为每个人的思维能力不同，对问题的理解程度不同，所以经常提出不同的问题和意见。教师无法预先估计所有这些。在这种情况下，教学过程往往容易偏离教案所设想的情况，教师无法牢牢把握教案，抑制学生思考的积极性。要根据学生的实际情况，改变原有的教学计划和方法，积极激发学生的思维，积极引导疑点。为实现这一目标，教师在备课时应充分估计学生在学习过程中可能提出的问题，确定重点、难点、疑点。对学生哪里会出现问题，最有可能出现什么问题，以及如何引导，必须考虑几个教学计划。出现打乱教学计划的现象时不要紧张。要顺势而为，耐心细致地培养学生的进取精神。因为实际上，一个单元或一节课的教学目标是在一定的教学过程中逐步完成的。一旦偏离教学目标或教学计划，不要紧张，可以在整个教学过程中进行调整。

三、教案撰写的具体内容

1. 课题（说明本课名称）；

2. 教学目的（或称教学要求，或称教学目标，说明本课所要完成的教学任务）；

3. 课型（说明属新授课，还是复习课）；

4. 课时（说明属第几课时）；

5. 教学重点（说明本课所必须解决的关键性问题）；

6. 教学难点（讲解本课程学习中容易出现的困难和障碍的知识转移和能力培养点）；

7. 教学方法要根据学生实际，注重引导自学，启发思维；

8. 教学过程（或称课堂结构，说明教学进行的内容、方法步骤）；

9. 作业布置（说明如何布置书面或口头作业）;

10. 设计板书（说明上课时准备写在黑板上的内容）;

11. 教具（或称教具准备，说明辅助教学手段使用的工具）;

12. 教学反思（教师对该堂课教后的感受及学生的收获、改进方法）。

四、大学英语课程教学设计（以新视野大学英语读写教程 I、II、III 教学设计为例）

（一）课程定位

本课程以《大学英语教学指南》为指导，结合我校商科特色、学生入学水平以及社会需求的角度出发，旨在全面提高学生的英语听、说、读、写、译的综合实际应用能力，培养学生的人文素养和综合素质，使学生在认识世界、了解世界、发现自我的过程中，树立正确的价值观，增进文化理解力，提高跨文化交际能力，将育人融入到教学设计和实践中，从而实现工具性和人文性的有机结合，同时通过该课程的学习培养学生英语自主学习的能力，从而为后期学术英语或职业课程的学习打下坚实的基础。

（二）课程目标

本课程总时长为 192 课时。本课程注重培养学生的英语应用能力。在培养学生通用语言能力的同时，进一步提升他们的学术英语或专业英语沟通能力和跨文化交际能力，使学生能够在日常的不同领域或语境中进行有效的英语交流。以外语教学理论为指导，充分发挥信息技术力量，采用翻转课堂线上线下混合教学，大力培养学生自主学习能力；注重学生能力发展，突出学生的参与性和教学内容的实用性，形成性评价与终结性评价相结合；加强学生的思想素质的培养，以学生为中心，将社会主义核心价值观有机融入大学英语教学全过程；提高学生的国际视野、跨文化理解能力、分析和解决问题的能力，帮助学生树立正确价值观和人生观。

（三）课程教学设计内容（以新视野大学英语读写教程 I、II、III 为例）

Unit 1（NHCE R&W Book1/ NHCE L&S Book 1）(支撑课程目标 1.1-1.2、2.1-2.2、3.1-3.2）

教学目的：了解上大学的意义和目的；了解会话的连续性和听力中应重点关注的具体信息；能清楚表达上大学的意义和目的；能利用保持对话连续性的技巧谈论过去的事情以及它们对现在的影响；培养良好的人文素养和语言感知能力。

教学重难点：本单元重点是理解上大学的意义和目的；能利用保持对话连续性的技巧谈论过去的事情以及它们对现在的影响。难点是保持会话的连续性。

Section One Toward a brighter future for all

Part I Learning how to express ideas about college education

Part II Have a general understanding of American college education

Part III learning to summarize the main idea and analyze the structure of Text A

Part IV Master the key language points and structures in the text

Part V Learn to write a paragraph with the structure "A topic sentence supported by details"

Section Two Traces of the past

Part I Talk about past events and their impacts on the present

Part II Listen for specific information

Part III Keep a conversation going

Supplementary Exercises：CET 4（支撑课程目标 1.3、2.3、3.4-3.5）

教学目的：了解大学英语四级的考试题型；能掌握大学英语四级考试中的新闻听力技巧；培养良好的想象和推测能力。

教学重难点：教学重点是了解大学英语四级的几种考试题型，难点是掌握大学英语四级考试新闻听力的技巧。

Part I Listen to six news reports

Part II Explain six tips for news report

Unit 2（NHCE R&W Book1/ NHCE L&S Book 1）（支撑课程目标 1.3-1.4、2.3-2.4、3.3、3.9-3.10）

教学目的：了解亲子关系；了解描述外貌的单词和短语；能结合调查的结果做个有关父母与子女亲密关系的主题报告；能恰当表达各种类型的休闲活动以及掌握提供建议和寻求建议的表达法。培养良好的观察能力、解决问题能力和批判性思维能力。

教学重难点：本单元的教学重点是结合调查的结果做个有关父母与子女亲密关系的主题报告并做小组汇报；难点是掌握提供建议和寻求建议的表达法。

Section One A child's clutter awaits an adult's return

Part I Learn how to express ideas about the love between the parents and children

Part II learn to summarize the main idea and analyze the structure of Text A

Part III Master the key language points and structures in the text

Part IV Learn to write a paragraph in the problem-solution pattern

Section two A break for fun

Part I Talk about various leisure activities

Part II Identify words and expressions for describing people’s appearance

Part III Ask for and give recommendations

Supplementary Exercises：CET 4（支撑课程目标 1.6、2.6、3.5-3.6）

教学目的：了解大学英语四级听力部分长对话的解题技巧；能掌握大学英语考试中的长对话的解题技巧；培养良好的推测和记忆能力。

教学重难点：教学重点掌握大学英语考试长对话的解题技巧；难点是培养良好的推测和记忆能力。

Part I Listen to 4 conversations

Part II Explain 4 tips for conversation

Unit 3（NHCE R&W Book1/ NHCE L&S Book 1）（支撑课程目标 1.7-1.8、2.7-2.8、3.1-3.3）

教学目的：了解互联网时代的数字化校园和大学生活；了解听力中表达时间先后顺序的单词和短语；能结合调查的结果以及掌握的互联网用语做个有关互联网对大学生的影响的主题演讲；能掌握接打电话的地道表达法；培养良好的人文素养、语言感知能力和观察能力。

教学重难点：本单元的教学重点是能结合调查的结果以及掌握的互联网用语做个有关互联网对大学生的影响的主题演讲；难点是掌握与互联网相关的各种专业用语。

Section One College life in the Internet age

Part I Learn how to express ideas about digital education

Part II Have a general understanding of other countries’ advanced digital technology

Part III learn to summarize the main idea and analyze the structure of Text A

Part IV Master the key language points and grammatical structures in the text

Part V Have a general understanding of American digital education

Part VI Learn to write a paragraph of cause and effect

Section Two Life moments

Part I Listen for time-order signal words and expressions

Part II Make phone calls

Supplementary Exercises：CET 4（支撑课程目标 1.9、2.9、3.2-3.4）

教学目的：了解大学英语四级考试中听力部分篇章听力的解题技巧；能掌握大学英语四级中长篇听力的解题技巧；培养良好的语言感知能力、观察力和想象力。

教学重难点：教学重点是了解大学英语四级考试中听力部分篇章听力的解题技巧；难点是掌握大学英语四级中长篇听力的解题技巧。

Part I Listen to 6 short passages

Part II Explain 6 tips for short passage

Unit 4（NHCE R&W Book1/ NHCE L&S Book 1）（支撑课程目标 1.10-1.11、2.10-2.11、3.1、3.11-3.12）

教学目的：了解“英雄”的含义和类别；了解不同出行方式的表达法；能结合“英雄”的主题讲述一个真实的英雄事迹的故事；能掌握日常生活中道歉和回应道歉的表达法；培养良好的人文素养、团队协作能力和语言表达能力

教学重难点：本单元的教学重点是能结合“英雄”的主题讲述一个真实的英雄事迹的故事；难点是培养良好的语言表达能力。

Section One Heroes among us

Part I Learning how to express ideas about heroism

Part II Have a general understanding of some famous heroes

Part III Learn to summarize the main idea and analyze the structure of Text A

Part IV Master the key language points and grammatical structures in the text

Part V Learn to write a paragraph of question-example-conclusion pattern

Section Two Getting from A to B

Part I Talk about different types of transportation

Part II Make and respond to apologies

Supplementary Exercises：CET 4（支撑课程目标 1.12、2.12、3.2、3.6）

教学目的：了解大学英语四级考试的词汇理解题；能掌握大学英语四级考试中词汇理解题的解题技巧；培养良好的语言感知能力和记忆力。

教学重难点：教学重点是大学英语四级考试的词汇理解题；难点是培养良好的语言感知能力。

Part I Finish three banked closes

Part II Explain 5 tips for banked cloze

Unit 5（NHCE R&W Book1/ NHCE L&S Book 1）（支撑课程目标 1.13-1.14、2.13-2.14、3.1、3.7-3.8）

教学目的：了解 Cliff Young 的生平事迹；了解不同的度假方式的表达法和旅游胜地；能利用表达运动精神的相关词汇讲述“英雄”的话题；能掌握表达个人喜好的听力技巧；培养良好的人文素养、创新思维能力和自主学习能力。

教学重难点：本单元的教学重点是能利用表达运动精神的相关词汇讲述“英雄”

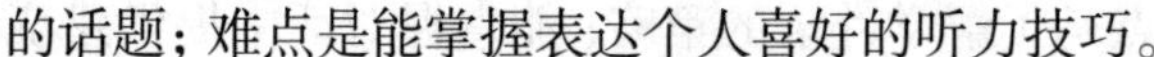

的话题；难点是能掌握表达个人喜好的听力技巧。

Section OneCliff Young，an unlikely hero

Part I Learn how to express ideas about the sporting spirit

Part II Have a general understanding of Sydney-to- Melbourne Ultramarathon

Part III learn to summarize the main idea and analyze the structure of Text A

Part IV Master the key language points and grammatical structures in the text

Part V Learn to write a paragraph of time-order pattern

Section Two Relax and explore

Part I Talk about different kinds of holidays and interesting

places Part II Listen for people's preferences by identifying comparatives

Part III Make and take orders in a restaurant

Supplementary Exercises：CET 4（支撑课程目标 1.15、2.15、3.5-3.6）

教学目的：了解大学英语四级的阅读题型；能掌握大学英语四级中长篇阅读的解题技巧；培养良好的记忆能力和推测能力。

教学重难点：教学重点是掌握大学英语四级中长篇阅读的解题技巧；难点是培养良好的记忆能力。

Part I Finish two long reading passages

Part II Explain 3 tips for long reading passage 学期回顾（支撑课程目标 1.16、2.16、3.8-3.9）

教学目的：了解期末的考试题型和范围；能掌握期末复习的难点和要点；培养良好的自主学习能力和解决问题能力。

教学重难点：教学重点是了解期末考试的题型和范围；难点是掌握期末复习的难点和要点

Part I Help students review the words and phrases learnt in units 1-5

Part II Students raise questions they may have and the teacher explains the difficulties）.

Part III Find out the weak points of the students and try to improve their weak parts

《大学英语 II》

Unit 1（NHCE R&W Book2/ NHCE L&S Book 2）（支撑课程目标 1.17-1.18、2.17-2.18、3.10-3.12）

教学目的：了解学外语的策略；了解听力中表示列举的提示语；能结合所学内容以及采访的结果撰写一个有关英语学习策略的报告并做小组汇报；能掌握对话中提供建议和回应建议的表达法。培养良好的批判思维能力、团队协作能力和语言表达能力。

教学重难点：本单元的教学重点是了解学外语的策略；能掌握对话中提供建议和回应建议的表达法；难点是能结合所学内容以及采访的结果撰写一个有关英语学习策略的报告并做小组汇报。

Section One An impressive English lesson

Part I Learning to talk about language teaching and English learning

Part II Have a general understanding of Text A

Part III Main idea and structure analysis

Part IV Master the key language points and grammatical structures in the text

Part V Learn to write an essay composed of the three parts：Introduction，body and conclusion with words no less than 120 words

Section Two Life is a learning curve

Part I Listen for signal words

Part II Give and respond to advice

Supplementary Exercises：CET 4（支撑课程目标 1.19、2.19、3.3、3.10）

教学目的：了解大学英语四级的短篇阅读；能掌握大学英语四级中短篇阅读的解题技巧；培养良好的观察能力和批判思维能力。

教学重难点：教学重点是了解大学英语四级的短篇阅读；教学难点是培养良好的批判思维能力。

Part I Finish three short passages

Part II Explain 4 tips for short passage

Unit 2（NHCE R&W Book2/ NHCE L&S Book 2）（支撑课程目标 1.20-1.21、2.20-2.21、3.1）

教学目的：了解学习人文学科的意义；了解大学英语四级的作文题型；能结合单元所学内容以及调查的结果撰写一封有关开设人文课程的重要性的信函并做小组汇报；能掌握会话中问路和指引方向的表达法；培养良好的人文素养和创新思维能力。

教学重难点：本单元的教学重点是了解学习人文学科的意义；能结合单元所学内容以及调查的结果撰写一封有关开设人文课程的重要性的信函并做小组汇报；难点是掌握会话中问路和指引方向的表达法。

Section One The humanities：Out of date？

Part I Have a general understanding of humanities

Part II Learn how to express ideas about the humanities

Part III Have a general understanding of Text A

Part IV Learn to summarize the main idea and analyze the structure of Text A

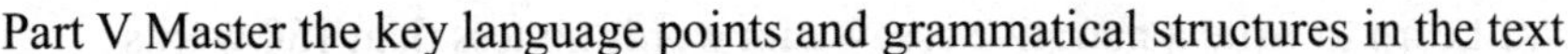

Part V Master the key language points and grammatical structures in the text

Part VI Learn to write an advantage / disadvantage essay with words no less than 120 words

Section Two Journey into the unknown

Part I Talk about your own traveling experience

Part II Understanding the problem-solution pattern

Part III Ask for and give directions

Supplementary Exercises：CET 4（支撑课程目标 1.22、2.22、3.2-3.4）

教学目的：了解大学英语四级的作文题型；能掌握大学英语四级考试中图片类作文的写作技巧；培养良好的语言感知能力、观察能力和想象能力。

教学重难点：教学重点是了解大学英语四级的作文题型；难点是培养良好的想象能力。

Part I Introduce six types of CET 4 writing

Part II Introduce how to write the first type of essay

Part III Sample learning

Part IV Practice writing

Unit 4（NHCE R&W Book2/ NHCE L&S Book 2）（支撑课程目标 1.23-1.24、2.23-2.24、3.10-3.12）

教学目的：了解不同的约会方式和大学约会的话题；了解在口头交流和 4 级听力中表明因果关系的问题的回答技巧；能够结合单元主题进行网恋、校园恋爱等话题的辩论；能够在谈话中表达请求和主动帮助的表达；培养良好的批判性思维能力、团队合作能力、语言能力和正确的爱情观和价值观。

教学重难点：本单元的重点是能结合单元主题开展有关网上约会、校园恋爱以及小爱与大爱关系的辩论；能掌握会话中表示请求和主动提供帮助的表达法；难点是能结合单元主题开展并上升到有关家国情怀等对国家和人类之大爱的育人目标的实现。

Section Onev College sweethearts

Part I Have a general understanding of campus romance in the 1960s in the United States

Part II Learn how to express ideas about campus romance

Part III Learn to summarize the main idea and analyze the structure of Text A

Part IV Have a general understanding of Text A

Part V Master the key language points and grammatical structures in the text

Part VI Learn to write a narrative essay with words no less than 150 words

Section Two Life under the spotlight

Part I Understand about cause and effect

Part II Make requests and offers

Supplementary Exercises：CET 4（支撑课程目标 1.25、2.25、3.1-3.2）

教学目的：了解大学英语四级中评论引言类作文；能掌握大学英语四级中评论引言类作文的写作技巧；培养良好的人文素养和语言感知能力。

教学重难点：教学重点是了解大学英语四级中评论引言类作文；难点是掌握大学英语四级中评论引言类作文的写作技巧。

Part I Introduce how to write the second type of CET 4 essay

Part II Sample learning

Part III Practice writing

Unit 5（NHCE R&W Book2/ NHCE L&S Book 2）（支撑课程目标 1.26-1.27、2.26-2.27、3.3、3.7、3.11）

教学目的：了解大学生如何树立正确的消费和储蓄观念；了解城市生活以及听力中表达利害关系的解题技巧；能结合单元主题按小组完成有关大学生消费习惯的调查报告并做小组汇报；能掌握会话中表示投诉和回应投诉的表达；培养良好的观察能力、团队协作能力和创新思维能力。

教学重难点：本单元的教学重点是能结合单元主题按小组完成有关大学生消费习惯的调查报告并做小组汇报；能掌握会话中表示投诉和回应投诉的表达；难点是培养良好的创新思维能力。

Section One Spend or save __ The student's dilemma

Part I Learn to talk about the money game

Part II Learn to summarize the main idea and analyze the structure of Text A

Part III Have a general understanding of Text A

Part IV Master the key language points and grammatical structures in the text

Part V Learn to write a comparison/contrast essay

Section Two Urban pulse

Part I Talk about city life

Part II Understand pros and cons

Part III Make and respond to complaints

Supplementary Exercises：CET 4（支撑课程目标 1.28、2.28、3.1、3.3、3.12）

教学目的：了解大学英语四级中的图表类作文；能掌握大学英语四级考试中图

表类作文的写作技巧；培养良好的人文素养、观察能力和语言表达能力。

教学重难点：教学重点是了解大学英语四级中的图表类作文；难点是掌握大学英语四级考试中图表类作文的写作技巧；

Part I Introduce how to write the third type of CET 4 essay

Part II Sample learning

Part III Practice writing

Unit 8（NHCE R&W Book2/ NHCE L&S Book 2）（支撑课程目标 1.29-1.30、2.29-2.30、3.3-3.4）

教学目的：了解人与动物的关系；了解听力中“T-chart”的记笔记方法；能结合单元所学内容以动物的视角撰写一封呼吁人类尊重动物权利的信函并做小组汇报；能在会话中恰当地介绍家族成员以及掌握“发表观点”的表达法；培养良好的观察能力和想象能力。

教学重难点：本单元的教学重点是了解听力中“T-chart”的记笔记方法；能结合单元所学内容以动物的视角撰写一封呼吁人类尊重动物权利的信函并做小组汇报；难点是掌握听力中“T-chart”的记笔记方法。

Section One Animals or children？——A scientist’s choice Part I Learn how to express ideas of animal rights movement Part II Have a general understanding of Text A

Part III Learn to summarize the main idea and analyze the structure of Text A Part IV Master the key language points and grammatical structures in the text Part V Learn to write an argumentative essay

Section Two Discovery your true identity Part I Talk about your family

Part II Take notes in a T-chart Part III Introduce an opinion

Supplementary Exercises：CET 4（支撑课程目标 1.31、2.31、3.1-3.2、3.12）

教学目的：了解大学英语四级中的图表类作文；能掌握大学英语四级考试中图表类作文的写作技巧；培养良好的人文素养、语言感知能力和语言表达能力。

教学重难点：教学重点是了解大学英语四级中的图表类作文；难点是掌握大学英语四级考试中图表类作文的写作技巧；

Part I Introduce how to write the fourth type of CET 4 essay Part II Sample learning

Part III Practice writing 学期回顾（支撑课程目标 1.16、2.16、3.8-3.9）

教学目的：了解期末的考试题型和范围；能掌握期末复习的难点和要点；培养良好的自主学习能力和解决问题能力。

教学重难点：教学重点是了解期末考试的题型和范围；难点是掌握期末复习的难点和要点。

Part I Help students review the words and phrases learnt in units 1-5

Part II Students raise questions they may have and the teacher explains the difficulties

Part III Find out the weak points of the students and try to improve their weak parts

《大学英语 III》

Unit 1（NHCE R&W Book3/ NHCE L&S Book 3）（支撑课程目标 1.32-1.33、2.32-2.33、3.8-3.10）

教学目的：了解成功的定义和秘诀；了解列关键词提纲记笔记的听力技能；能结合单元所学内容做个有关成功人士的特征的调查汇报；能掌握会话中“提及之前所说事情”的表达法；培养良好的自主学习能力、解决问题能力和批判思维能力。

教学重难点：本单元的教学重点是了解列关键词提纲记笔记的听力技能；能结合单元所学内容做个有关成功人士的特征的调查汇报；难点是掌握列关键词提纲记笔记的听力技能。

Section OneNever，never give up

Part I Talk about the secret of success

Part II Have a general understanding of Text A

Part III Main idea and structure analysis

Part IV Master the key language points and grammatical structures in the text

Part V Learn to write an example essay

Section Two Access to success

Part I Take notes by using a keyword outline

Part II Refer to what you said earlier

Supplementary Exercises：CET 4（支撑课程目标 1.34、2.34、3.1、3.12）

教学目的：了解大学英语四级中的提纲类作文；能掌握大学英语四级考试中提纲类作文的写作技巧；培养良好的人文素养和语言表达能力。

教学重难点：教学重点是了解大学英语四级中的提纲类作文；难点是掌握大学英语四级考试中提纲类作文的写作技巧。

Part I Introduce how to write the fifth type of CET 4 essay

Part II Sample learning

Part III Practice writing

Unit 2（NHCE R&W Book3/ NHCE L&S Book 3）（支撑课程目标 1.35-1.36、2.35-2.36、3.3-3.5）

教学目的：了解如何克服恐惧；了解如何表达不同的情感；能结合单元主题撰写有关如何克服公共演讲的恐怖的报告并做小组汇报；能掌握会话中“告之好消息和

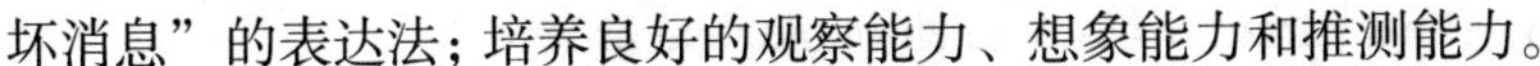

坏消息”的表达法；培养良好的观察能力、想象能力和推测能力。

教学重难点：本单元的教学重点是能结合单元主题撰写有关如何克服公共演讲的恐怖的报告并做小组汇报；能掌握会话中“告之好消息和坏消息”的表达法；难点是结合单元主题撰写有关如何克服公共演讲的恐怖的报告并做小组汇报。

Section One Swimming through fear

Part I Learn how to express ideas about different kinds of fear

Part II Have a general understanding of Text A

Part III Main idea and structure analysis

Part IV Master the key language points and grammatical structures in the text

Part V Learn to write an example essay

Section Two Emotion speaks louder than words

Part I Talk about different emotions

Part II Give news in an appropriate way

Supplementary Exercises：CET 4（支撑课程目标 1.37、2.37、3.1、3.7）

教学目的：了解大学英语四级考试中的应用书信作文；能掌握大学英语四级考试中应用书信作文的写作技巧；培养良好的人文素养和创新思维能力。

教学重难点：教学重点是了解大学英语四级考试中的应用书信作文；难点是掌握大学英语四级考试中应用书信作文的写作技巧。

Part I Introduce how to write the sixth type of CET 4 essay

Part II Sample learning

Part III Practice writing

Unit 3（NHCE R&W Book3/ NHCE L&S Book 3）（支撑课程目标 1.38-1.39、2.38-2.39、3.1-3.2、3.11）

教学目的：了解 Audrey Hepburn 的生平；了解如何辨别听力中的事实与观点；能结合单元所学内容做有关某名人的人物简介汇报；能掌握会话中“讲故事”的技巧；培养良好的人文素养、语言感知能力和团队协作能力。

教学重难点：本单元的教学重点是结合单元所学内容做有关某名人的人物简介汇报；能掌握会话中“讲故事”的技巧；难点是掌握会话中“讲故事”的技巧。

Section One Audrey Hepburn — A true angel in this world

Part I Learn how to talk about Audrey Hepburn’s life story

Part II Have a general understanding of Text A

Part III Main idea and structure analysis

Part IV Master the key language points and grammatical structures in the text

Part V Learn to write a narrative essay in chronological order

Section Two Love your neighbor

Part I Distinguish fact from opinion in listening

Part II Learn how to tell a story

Supplementary Exercises：CET 4（支撑课程目标 1.40、2.40、3.3、3.6、3.12）

教学目的：了解大学英语四级考试的翻译题型；能掌握大学英语四级考试的翻译技巧；培养良好的记忆能力、观察能力和语言表达能力。

教学重难点：教学重点是了解大学英语四级考试的翻译题型；能掌握大学英语四级考试的翻译技巧；难点是掌握大学英语四级考试的翻译技巧。

Part I Introduce 5 tips for CET 4 translation

Part II Sample learning

Part III Practice translating

Unit 4（NHCE R&W Book3/ NHCE L&S Book 3）（支撑课程目标 1.41-1.42、2.41-2.42、3.4-3.5、3.7）

教学目的：了解旅行的意义和目的；了解如何通过声音、身势语以及视觉教具进行有效地演讲；能结合单元的主题做一个三天的旅行计划并做小组汇报；能预测听力的主题和相关词汇；培养良好的推测能力、想象能力和创新思维能力。

教学重难点：本单元的教学重点是了解旅行的意义和目的；了解如何通过声音、身势语以及视觉教具进行有效地演讲；能结合单元的主题做一个三天的旅行计划并做小组汇报；能预测听力的主题和相关词汇；重点是结合单元的主题做一个三天的旅行计划并做小组汇报；能预测听力的主题和相关词汇。

Section OneThe surprising purpose of travel

Part I Learn how to express ideas about travel Part II Have a general understanding of Text A

Part III Main idea and structure analysis

Part IV Master the key language points and grammatical structures in the text

Part V Learn to write a cause and effect essay

Section Two What’s the big idea？

Part I Predict the theme and relevant vocabulary before you listen

Part II Learn to use voice，body language and visual aids effectively in speech delivery

Supplementary Exercises：CET 4（支撑课程目标 1.43、2.43、3.2、3.6、3.8）

教学目的：了解大学英语四级考试中翻译题型的主题词汇；能掌握大学英语四

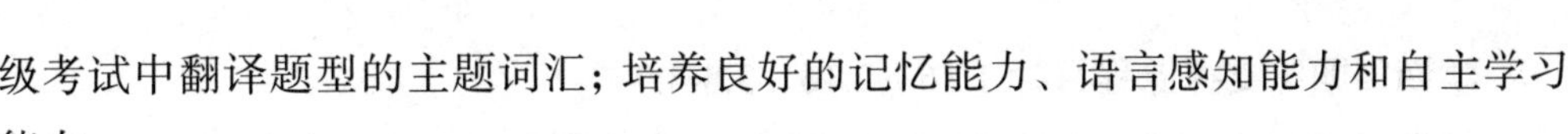

级考试中翻译题型的主题词汇；培养良好的记忆能力、语言感知能力和自主学习能力。

教学重难点：教学重点是了解大学英语四级考试中翻译题型的主题词汇；能掌握大学英语四级考试中翻译题型的主题词汇；难点是掌握大学英语四级考试中翻译题型的主题词汇。

Part I Introduce 11 types of vocabulary

Part II Introduce tips for remembering words

Part III Vocabulary test

Unit 5（NHCE R&W Book3/ NHCE L&S Book 3）（支撑课程目标 1.44-1.45、2.44-2.45、3.3-3.4、3.9）

教学目的：了解职场中如何定位自己的职业；了解不同的职业；能结合单元的主题做个有关影响职场幸福指数的因素的调查报告并做小组汇报；能掌握表示对比的听力技巧；培养良好的观察能力、想象能力和解决问题能力。

教学重难点：本单元的教学重点是结合单元的主题做个有关影响职场幸福指数的因素的调查报告并做小组汇报；掌握表示对比的听力技巧；难点是掌握表示对比的听力技巧。

Section OneWill you be a worker or a laborer？

Part I Learn how to express ideas about work

Part II Have a general understanding of Text A

Part III Main idea and structure analysis

Part IV Master the key language points and grammatical structures in the text

Part V Learn to write a comparison/contrast essay

Section TwoMore than a paycheck

Part I Talk about different jobs

Part II Listen for contrast

Supplementary Exercises：CET 4（支撑课程目标 1.46、2.46、3.2、3.6、3.8）

教学目的：了解大学英语四级听力题型的常见词汇；能掌握大学英语四级考试的听力常见词汇；培养良好的记忆能力、语言感知能力和自主学习能力。

教学重难点：教学重点是了解大学英语四级听力题型的常见词汇；难点是掌握大学英语四级考试的听力常见词汇。

Part I Introduce 7 types of vocabulary

Part II Introduce tips for remembering words

Part III Vocabulary test

学期回顾（支撑课程目标 1.16、2.16、3.8-3.9）

教学目的：了解期末的考试题型和范围；能掌握期末复习的难点和要点；培养良好的自主学习能力和解决问题能力。

教学重难点：教学重点是了解期末考试的题型和范围；难点是掌握期末复习的难点和要点

Part I Help students review the words and phrases learned in units 1-5

Part II Students raise questions they may have and the teacher explains the difficulties).

Part III Find out the weak points of the students and try to improve their weak parts

（说明：未选入教材中单元内容为学生自主学习单元内容）

4. 课程评价（介绍课程评价方式，特别说明如何在评价中实现语言与育人的融合）

1）对课前学习和线上学习的自我评价、同伴互评和教师评价。

2）对部分的教学课堂导入活动氛围及效果进行评估。

3）通过学生在课堂上的教学参与度进行观察评估。

4）通过师生的问答互动及课堂学生成果的展示，对教学内容的掌握进行评价。

5）通过对课后学习与掌握程度进行的评价。

6）通过对学生的测评结果进行的评价。

7）通过师生的深入交流，对学生的人生观与价值观进行的评价。

8）通过对教师教学反馈表，综合了解学生对课程和教师的评价。（内容如下）

（1）授课内容和教师授课方式能否吸引我的注意力和兴趣；

（2）教师授课过程中是否引导我进行积极思考和有效互动；

（3）通过学习，我是否能掌握的语言知识和技能；

（4）通过教学，是否有助于自己树立了正确的人生观和价值观。

（四）单元设计方案（以新视野大学英语读写教程 II 第四单元为例）

1. 单元教学目标（说明参赛单元的具体教学目标，目标应包括语言目标与育人目标）

通过单元学习，语言目标主要使学生扩大词汇量，提高学生英语听、说、读、写、译的综合实际应用能力，了解英语考试中口头沟通及四级听力中表示因果关系的题型的答题技巧；能结合单元主题开展有关网上约会和校园恋爱的辩论；能掌握会话中表示请求和主动提供帮助的表达法；育人目标主要是帮助学生了解不同的约会方式以及大学谈恋爱现象；培养良好的批判思辨能力、团队合作能力，树立正确的爱情观和价值观，培养具有家国情怀的高素质新时代人才。。

2. 单元设计主要内容

本单元为新视野大学英语 II 第四单元 Dance with Love，主要内容为 Text A College Sweethearts。

主要教学内容包括以下部分：

1) Review & Background information of the theme. (Have a general understanding of dating and campus romance and sexual revolution in the 1960s in the United States.)(1-2 periods)

2) Have a whole understanding of Text A. (Summarize the main idea and analyze the structure of Text A. Have topic discussions and presentations ; Help Students have critical thinking ability and set up positive values.) (3-4periods)

3) Applying the phrases and patterns & text exercises. (Master the key language points and grammatical structures in the text.)(5-6periods)

4) Have writing practice & ETIC 、CET4 skills training (Help students to improve students' writing competency and problem-solving ability.)

3. 本单元设计理念与思路

基于 POA 理论、金课标准及课程与育人相融合的理念进行翻转课堂混合式教学设计和实施教学。整体思路是以学生为中心，以产出为导向，注重学生的输入，强调学生的产出。体现学生知识与能力的融合、沟通与表达能力和探究思维能力的高阶性，同时使得学生明确学什么、如何学及如何学成，采用多元评价方式，重点体现课程与育人相融合的创新性；大力发展学生的批判思维能力、沟通表达能力，通过学习树立积极向上的价值观和人生观，体现较高的挑战性。

4. 本单元教学详案

课程教案

<table>
<tr><td>授课方式
（请打√）</td><td>☑讲授课　☑实践课</td><td>学时
安排</td><td>1-2</td></tr>
<tr><td colspan="4">授课题目（章节或主题）：Unit 4　Text A：College Sweethearts
1. Have a general understanding of Text A
2. Detailed study of text A：Main idea and structure analysis</td></tr>
<tr><td colspan="4">本次课的教学目标与要求：
1. Learning to summarize the main idea and analyze the structure of Text A
2. Having a general understanding of positive values.</td></tr>
<tr><td colspan="4">教学重点与难点：
1. How to appreciate the passage and develop the SS' critical thinking ability.
2. How to integrate the course with Ideological and Political Education.</td></tr>
</table>

续表

<table>
<tr><td>授课方式
（请打√）</td><td>☑讲授课　☑实践课</td><td>学时
安排</td><td>1-2</td></tr>
<tr><td colspan="4">教学方法与手段：
Blended Learning；Interactive discussion；Production-oriented Approach；Teacher-Student Collaborative Assessment</td></tr>
<tr><td colspan="3">教学　过程
（本栏不够填写，可另附纸张）</td><td>备注</td></tr>
<tr><td colspan="3">I. Review
II. Have a general understanding of Text A
1. Students read the new words and phrases and expressions after the recording.
2. Students answer the 8 questions on page 95 and the teacher comments on their answers.
III. Detailed study of text A：Main idea and text structure
1. The teacher invites representatives of some groups to present group discussion results about the main idea and structure of text A.
2. The teacher helps students understand the main idea and structure of text A.
Reference answers：
Text A is a narrative that tells a romantic story about the author herself. The story started with just curiosity about love during her college years and ended up with a happy marriage.</td><td></td></tr>
<tr><td colspan="3">The text can be grouped into three main parts：
Part One（Para.1）is the introduction which prepares for the topic of love. The narrator now has two daughters who are at the age of dating. They believe that their parents had a romantic story heading for marriage from the very beginning. However, It's not completely true. The narrator started dating Butch not for love but for fun because she wanted to get away from her boring college life.</td><td>Elements：
1. Who to love
2. How to love
3. commitment</td></tr>
</table>

续表

<table>
<tr><td>授课方式
（请打√）</td><td>☑讲授课　☑实践课</td><td>学时
安排</td><td>1-2</td></tr>
<tr><td colspan="2">Part Two（Paras.2-10）is the major part of the narrative consisting of nine paragraphs. It is interspersed with flashbacks of the narrator's dating experiences. The story records the long journey of love in a time sequence and describes in detail how she felt about Butch and how they together went through ups and downs for seven years before they finally got married.

Part three：Conclusion part：Para11（they developed a mature love and had a rich life）
This part echoes the beginning of the narration to reiterate that their love actually started with a casual attraction only but bloomed into a mature love and rich life. Having weathered the storm of love，their marriage now has turned out to be a long，romantic，sometimes crazy，love story，which sums up a 29-year long honeymoon.

IV. Reflection & opinion
（1）Get insight into the definition of love and affection and opinion presenting
A. Q：What does the true love mean？（key words）
B. Watch the video and group discussion.
Q：What makes many people risk their lives to go to Wuhan to fight Covid-19？
C. Observe and Analyze

V. Assignment：
1. Writing topic. For this part，you are asked to think about the following topic. You should write at least 120 words but no more than 180 words.
Which is more important when it comes to marriage，one's appearance or qualities？
2. Preview the new words and phrases and expressions on pages 91-94.
Read text A fluently</td><td colspan="2">Elements：
1. Who to love
2. How to love
3. commitment
Giving is more joyous than receiving，not because it is a deprivation，but because in the act of giving lies the expression of my aliveness.
升华大爱：从爱一个人到爱社会，爱世界，爱生活，爱所有人。（COVID-19 donation 为例）</td></tr>
<tr><td colspan="4">参考资料（相关网站、推荐阅读书目等）：
书名：《新视野大学英语 2——读写教程教师用书》编著者：外语教学与研究出版社
网站：http：//heep.unipus.cn/product/
etic.claonline.cn/（国际人才英语考试网）
www.kekenet.com/（可可英语学习网）</td></tr>
<tr><td colspan="4">教学效果评估方法：
Self-evaluation；Peer evaluation；Teacher's evaluation；Students' achievement display，Test evaluation；Students' teaching feedback</td></tr>
<tr><td colspan="4">课后反思（含 1. 教学效果；2. 教学经验；3. 改进举措）：（略）</td></tr>
</table>

<table>
<tr><td>授课时间</td><td colspan="3">第____周 周____ 第____节</td></tr>
<tr><td>授课方式
（请打√）</td><td>☑讲授课 ☑实践课</td><td>学时
安排</td><td>3-4</td></tr>
<tr><td colspan="4">授课题目（章节或主题）：Unit 4 Text A：College Sweethearts
1. Text study：Vocabulary and useful phrases development
2. Reading：Read between the lines</td></tr>
<tr><td colspan="4">本次课的教学目标与要求：
1. Master the key language points and grammatical structures in the text
2. Learning：Learn how to appreciate a text by reading between the lines</td></tr>
<tr><td colspan="4">教学重点与难点：
Vocabulary，practical phrases and functional patterns development</td></tr>
<tr><td colspan="4">教学方法与手段：
Blended Learning；Interactive discussion；Production-oriented Approach；Teacher-Student；Collaborative Assessment</td></tr>
<tr><td colspan="3">教 学 过 程
（本栏不够填写，可另附纸张）</td><td>备注</td></tr>
<tr><td colspan="3">I. Vocabulary related to love：
1. Love：classic，romance，semester，sexual，confess，component；
2. Flipped：head for，gaze at，ambitious，cautious，commence，by accident，pretend to do sth.，come over，dynamic，charm，tempt，superior，stale，grant，display；
3. Standing in love：immune to，reputation，superb，approve，deserve，weave，go along with，expel sb. from sth，disgust，proceed to sth，lodge，take the liberty of doing sth，take sb. by surprise，blur；
4. Intimacy：bloom，faithful，kneel，propose marriage，tie the knot，be pessimistic about.</td><td></td></tr>
<tr><td colspan="3">II. Read between the lines：
1. Paraphrase difficult sentences in text A：
（1）They think their father and I had a classic fairytale romance heading for marriage from the outset.（para.1）
（2）In a way，love just happens when you least expect it. Who would have thought that Butch and I would end up getting married to each other？ He became my boyfriend because of my shallow agenda：I wanted a cute boyfriend！（para.1）
（3）I really wasn't that interested for two reasons. First，he looked like he was a really wild boy, maybe even dangerous. Second, although he was very cute, he seemed a little weird.（para. 2）
（4）Riding on his bicycle, he'd ride past my dorm as if “by accident” and pretend to be surprised to see me. I liked the attention but was cautious about his wild, dynamic personality.（para. 3）
（5）He had a charming way with words which would charm any girl.（para. 3）</td><td></td></tr>
</table>

续表

<table>
<tr><td>授课时间</td><td colspan="3">第___周　周___　第___节</td></tr>
<tr><td>授课方式
（请打√）</td><td>☑讲授课　☑实践课</td><td>学时
安排</td><td>3-4</td></tr>
<tr><td colspan="2">（6）Fear came over me when I started to fall in love. His exciting “bad boy image” was just too tempting to resist. What was it that attracted me?（para. 3）
（7）Butch looked superb! I was not immune to his personality, but I was scared.（para. 4）
（8）Despite Butch's somewhat wild character, at his core, he is always a perfect gentleman and deserves a lot of credit for that.（para. 8）
（9）Two years passed in a blur. One day, Butch took me by surprise as he knelt down and proposed marriage holding a dozen red roses!（para. 9）
（10）Our faithful journey of love and learning took us down rocky roads of hardship and on smooth easy-going highways.（para. 11）
（11）Our love commenced with a casual attraction but bloomed into a mature love and rich life.（para. 11）
III. Assignment:
1. Finish the exercises of text A on pages 95-102.
2. Think about the following questions:
（1）In your opinion, what are the important qualities an ideal date should possess?
（2）Which is more important when it comes to marriage, one’s appearance or character? Why?</td><td colspan="2">20mins
Words study
55mins
important
sentences study</td></tr>
<tr><td colspan="2">参考资料（相关网站、推荐阅读书目等）:
书名:《新视野大学英语 2——读写教程教师用书》编著者: 郑树棠出版社: 外研社
网站: http：//heep.unipus.cn/product/
etic.claonline.cn/（国际人才英语考试网）
www.kekenet.com/（可可英语学习网）</td><td colspan="2"></td></tr>
<tr><td colspan="2">教学效果评估方法:
Self-evaluation；Peer evaluation；Teacher’s evaluation；Students’ achievement display，Test evaluation；Students’ teaching feedback</td><td colspan="2"></td></tr>
<tr><td colspan="2">课后反思（含 1. 教学效果; 2. 教学经验; 3. 改进举措）:</td><td colspan="2"></td></tr>
<tr><td colspan="2">备注:</td><td colspan="2"></td></tr>
</table>

<table>
<tr><td>授课方式
（请打√）</td><td>☑讲授课　☑实践课</td><td>学时
安排</td><td>5-6</td></tr>
<tr><td colspan="4">授课题目（章节或主题）：Unit 4 Text A：College Sweethearts
1. Checking the exercises
2. Writing a narrative essay with words no less than 150 words
3. Unit test</td></tr>
<tr><td colspan="4">本次课的教学目标与要求：
1. Learning how to use the suffixes -ed and -ion to build new words.
2. Speaking：Learn to talk about romantic love.
3. Writing：Learn to write a narrative essay with words no less than 150 words.</td></tr>
<tr><td colspan="4">教学重点与难点：
1. Learn to write a narrative essay with words no less than 150 words.
2. Learn to put the new words and phrases learned in text A into practice.</td></tr>
<tr><td colspan="4">教学方法与手段：
Blended Learning；Interactive discussion；Production-oriented Approach；
Teacher-Student Collaborative Assessment</td></tr>
<tr><td colspan="3">教学　过程
（本栏不够填写，可另附纸张）</td><td>备注</td></tr>
<tr><td colspan="3">I. Writing device：The teacher explains how to write a narrative essay，and then asks them to write a paragraph out of class.
II. Check the exercises 3，4，5，6，7，10 from page 95 to 102.（Students give answers and raise questions they may have and the teacher explains the difficulties）. When checking the exercise 4，the teacher explains how to form new words by combining the suffix –ed and –ion with different types of words.
III. Have a unit test：have a dictation of new words and phrases of unit 4</td><td>20mins
Writing skills
25mins
Check Exes.
10mins
Unit test</td></tr>
<tr><td colspan="3">IV. Critical thinking：
1. In your opinion，what are the important qualities an ideal date should possess？
Reference answer：Responsible，smart，honest，considerate，understanding，diligent，rich，good-looking，funny，having the same interest…
2. Which is more important when it comes to marriage，one’s appearance or character？ Why？
Reference answer：
• Appearance，because I like to see someone who is good-looking.
• Character，because appearance will change as time goes by，while one’s character is essential to marriage.
V. Assignment：
1. Review unit 4
2. Write a narrative essay with words no less than 150 words</td><td>20mins
Discussion</td></tr>
</table>

续表

授课方式（请打√）	☑讲授课　☑实践课	学时安排	5-6
参考资料（相关网站、推荐阅读书目等）： 书名：《新视野大学英语 2——读写教程教师用书》编著者：郑树棠；出版社：外语教学与研究出版社 网站：http：//heep.unipus.cn/product/ etic.claonline.cn/（国际人才英语考试网） www.kekenet.com/（可可英语学习网）			
教学效果评估方法： Self-evaluation；Peer evaluation；Teacher’s evaluation；Students’achievement display；Test evaluation；Students’teaching feedback			
课后反思（含 1. 教学效果；2. 教学经验；3. 改进举措）：			
备注：			

5. 单元教学评价

本单元采用的评价理念和方式主要有自我评价、同伴互评和教师评价，形成性评价和终结性评价结合。对课程与育人融合的效果等方面进行教学评价。具体做法如下：

1）对单元课前学习和线上学习的自我评价、同伴互评和教师评价。

2）对单元教学课堂导入活动氛围及效果进行评估。

3）通过学生在课堂上的教学参与度进行观察评估。

4）通过师生的问答互动及课堂学生成果的展示，对单元教学内容的掌握进行评价。

5）通过对单元课后学习与掌握的评价。

6）通过对单元测评结果的评价。

7）通过师生的深入交流，对学生的人生观与价值观的评价。

8）通过学生对教师教学反馈表，综合了解学生对单元和教师的评价。

A. 授课内容和教师授课方式能否吸引我的注意力和兴趣；

B. 教师授课过程中是否引导我进行积极思考和有效互动；

C. 通过学习，我是否掌握的语言知识和技能；

D. 通过教学，是否有助于自己树立了正确的恋爱观和人生价值观。

6. 本单元教学设计特色

在教学设计之前，教学团队进行集体备课，明确思政要点，确定单元教学目标（包含思政育人目标），并采用翻转课堂与产出导向的教学模式，课程内容与育人目

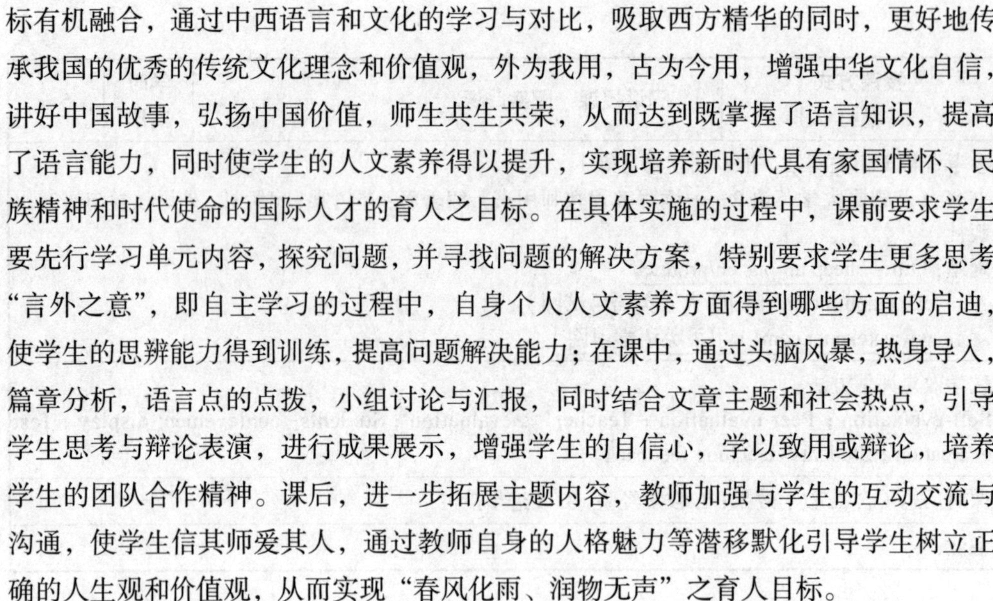

标有机融合，通过中西语言和文化的学习与对比，吸取西方精华的同时，更好地传承我国的优秀的传统文化理念和价值观，外为我用，古为今用，增强中华文化自信，讲好中国故事，弘扬中国价值，师生共生共荣，从而达到既掌握了语言知识，提高了语言能力，同时使学生的人文素养得以提升，实现培养新时代具有家国情怀、民族精神和时代使命的国际人才的育人之目标。在具体实施的过程中，课前要求学生要先行学习单元内容，探究问题，并寻找问题的解决方案，特别要求学生更多思考“言外之意”，即自主学习的过程中，自身个人人文素养方面得到哪些方面的启迪，使学生的思辨能力得到训练，提高问题解决能力；在课中，通过头脑风暴，热身导入，篇章分析，语言点的点拨，小组讨论与汇报，同时结合文章主题和社会热点，引导学生思考与辩论表演，进行成果展示，增强学生的自信心，学以致用或辩论，培养学生的团队合作精神。课后，进一步拓展主题内容，教师加强与学生的互动交流与沟通，使学生信其师爱其人，通过教师自身的人格魅力等潜移默化引导学生树立正确的人生观和价值观，从而实现“春风化雨、润物无声”之育人目标。

（五）单元教学设计案例（新视野大学英语读写教程第二册（第三版）Unit 8 Text A 为例）

1. 学情分析

本教学对象是大学英语一年级非英语专业学生，其中 1 班为 2019 级创新班，高考成绩在 115 以上；另外一个班 19 金融工程 2 班，高考成绩在 80 ~ 125 分之间，两个班级成绩相当。这两个班级具备基本的四级词汇，阅读能力比较强，写作和口语能力比较弱。学习态度较好。

2. 教学内容

新视野大学英语读写教程第二册（第三版）Unit 8 Text A Animals or children？—A scientist’s choice（NHCE R&W Book2）。先修课程为新视野大学英语读写教程第一册，后修课程为新视野大学英语读写教程第三册。

3. 单元教学主题

本单元主要讨论美国动物权利保护者和医学家们就保护动物和动物实验之间的不同的辩论。作为支持动物实验的一名儿科医生，作者分析自己为了保护儿童的健康支持动物实验受到错误的谴责，作者还批评了公众、参议员甚至医疗领域工作人员的冷漠的现象。作者为此提供了令人信服的理由来证明做动物研究的必要性，强调为什么做动物研究是如此不可或缺，并警告说，停止动物研究将造成显著的负面影响，呼吁公众采取行动支持动物实验，保护人类健康。

4. 单元交际场景

人民的健康大于天。人类的健康与众人息息相关，学生也不例外。我们要理性看待动物权利保护的同时，更要明确医学的进步离不开动物实验。作为社会人，相信动物实验能为人类健康带来福音。为此设计如下场景：

Scenario：Suppose your college is going to hold an English debate contest.You are attending the debate contest and making a speech about one of the topics " Do you support the animal research", aiming to exchange with each other about the importance of animal research.（Write a speech of 180 words）

5. 单元产出目标

1）知识目标

（1）Have a general understanding of Text A.

（2）Learn to summarize the main idea and analyze the structure of Text A.

（3）Learn to apply the words，phrases and patterns related to animal research.

（4）Learn to use the transitional words or phrases in a speech writing.

2）交际目标

（1）Make a speech of 180 words about the topic " Do you support the animal research", as the square, aiming to exchange with each other about the importance of animal research.

6. 教学过程

（一）课前输入驱动

1. 课程介绍和任务布置

1）Unit introduction

（1）Topic of the unit

（2）Learning objectives

（3）Teaching plan

（Teacher tells Ss the above in advance before Ss' self-study 学生自主学习之前，提前告诉学生）

2）Question previewing.

A. What is the animal research？ And why？

B. Why did animal rights activists ban on animal testing？

C. Why did physician scientists conduct the animal experiments？

D. Do you support the animal research？ Give your reasons.

（Search some information about animal research and try to give the reasons.）

3）Have a general understanding of Text A

4）Try summarizing the main idea and analyze the structure of Text A.

5）Be familiar with the words，phrases and patterns related to animal research.

（本阶段为课前教师布置任务，学生根据任务清单自主线上和线下学习，线上查找资料和利用 U 校园学习，线下学生可以合作讨论，并各自提出问题，带着问题参加课堂学习）

（二）课中输出促成（1）（1-2 课时）

1）Discussion & presentation（Ss' discussion in pairs or in groups）（知识目标子任务一）

（1）What is the type of the essay？（Ss' discussion in pairs）

An argumentative essay

（2）How many parts can the essay divided into ？（Ss' discussion in pairs）Four parts.

Part I —（Para.1）

Part II —（Paras.2-3）

Part III—（Paras.4-7）

Part Ⅳ —（Paras.8-9）

（3）What is the main idea of the every part？（Ss' discussion in groups）

Part 1：The author was wrongly accused of being cruel to animals since his top desire is only to keep children healthy with medical advances based on animal research.

Part 2：This part unfolds the current situation of animal-rights movement. Firstly, animal rights protectors distort the truth by accusing the physician. The author also criticizes the indifference of the public，senators and even the people who worked in the medical field.

Part 3：As the main part of the essay，it provides compelling reasons to justify the necessity of doing animal research. It emphasizes why doing animal research is so indispensable，and warns that stopping animal research will cause significantly negative effects.

Part 4：The author is trying to make his final appeal be heard and also his most worried concern. He urges the public to take actions to put an end to the nightmare – to cease animal research.

（After discussion，Ss are asked to choose one representative to make a presentation，then Teacher lets Ss judge which student or which group does best（peer evaluation），then give some comments and evaluation for Ss' performances，makes a summary last）

（4）What is the structure of the essay ？（writing skills）（Ss' discussion in groups ）

Introduction

↓

Current situation of the animal-rights movement

↓　　　　　　　　} Body

Reasons to justify the necessity of animal research

↓

Conclusion

（After discussion， Ss are asked to choose one representative to make a presentation.）

（三）课中输出促成（2）（3-4 课时）（知识目标子任务二）

（1）More details about the text.（ask and answer in pairs）

1）According to the text，why did the author become a children's doctor？

2）How did animal rights activists describe the researchers？

3）What are the terrifying effects of arresting the animal research？

4）What results did animal research help us to achieve？

5）How about the present situation of human beings in American today？

……

（2）Words and phrases of the text.

1）Words：

infection，organ，sting，evil，supreme，transplant，devil，creep，consent，slogan，germ，optional，omit，diagnose，resolution，unappreciative，infinite，hence，hatred，imitate，compass

Fill in the blanks with a proper form of the words.

（1）My ________ for her is so intense that it seems to be destroying me.

（2）His father would not ________ to his leaving school，because he hoped one day his son would make it in the world.

（3）The patient's immune system would reject the transplanted ________ as a foreign object.

（4）Air，water，clothing and insects are all means of ________.

（5）The severity of their ill-treatment ________ her into action.

（6）What is ________ in our life often turns out to be essential to our future.

（7）All that ________ our attention in life is not necessarily well worth our efforts.

(8) Worst of all, his parents had no hope of shaking his ________ run such a risk.

(9) Without a good ________ in life, he flounders about like a headless fly.

(10) Since they are apt to ________ others, they often lose their bearings in the ocean of life.

2) Phrases and expressions:

tip the scales, have relevance to, persist in, be occupied with, make a contribution, isolate from, become aware of, in the name of

(1) Some people have ________ a traditional view that language learning is essentially the same as the learning of grammar or language rules.

(2) Regular review of the teaching material in school ensures that the courses provided ________ the workplace and what students will do in the future.

(3) Job opportunities are expanding rapidly, and more and more people are ________ online chances that allow them to work at home.

(4) They have put old women in nursing homes, ________ human warmth and contact, and then complained that they had lost their mental abilities.

(5) Some organizations are exploiting local people ________ scientific research: They are collecting genetic material for commercial purposes.

(6) Day care centers for the elderly ________ to overall public service; they did a lot to make the life of the old active, valuable and meaningful.

(7) The policeman has ________ extra duties, so he would not have the time either for answering questions or being interviewed.

(8) What the chairman said did not ________ much to his advantage; his statement can be only considered as a slim chance for gaining approval.

本阶段主要掌握和巩固课文内容知识，教师与学生对产品进行及时合作评价，为交际目标的实现打下基础。

（三）课中输出促成（3）（5-6 课时）（交际目标任务一）

1) Review the structure of the essay

Introduction

↓

Body

↓

Conclusion

（1）Appreciate the sample essay/speech.（Sample omitted）

（2）Explore & discuss the writing Technique the sample essay/speech.Attention to the topic sentences &transitional words and phrases.

2）Write a speech of 180 words about the topic "Do you support the animal research", as the square, aiming to exchange with each other about the importance of animal research and be ready to present the speech in the coming debate contest.

（3）Evaluation in pairs & then automatic assessment via Pigai.cn

（4）Teacher-Student Collaborative Assessment in class and after class.

（5）Assignment.

本阶段主要培养学生的批判性思维能力和表达能力。特别是在课堂撰写演讲稿并提交线上评估，有利于知识内化和能力的提升。学生之间进行作品借鉴评价，可以互相促进，共同进步，教师与学生对作品进行合作评价，体现全程育人之目标。

（四）评价

评价始终贯穿于课前课中和课后。通过个人自评、人机互评、生生互评和师生合作评价等多元方式评价。各评价方式在不同阶段有所侧重。有产出就有评价。评价是为了更好产出。驱动、产出和评价在每个环节中实现小循环，进而实现大循环。

第六章　大学英语教学方法改革与实践

教学方法是教师和学生在教学活动中为达到教学目的和教学任务要求而采取的行为方法。教学方法包括指导思想、基本方法、具体方法和教学方法四个层次。教学法包括教师的教法和学生的学法两大方面，是教法与学法的统一。

第一节　大学英语词汇教学实践与案例

词汇是语言的三要素（语音、词汇、语法）之一，是语言的基本材料。没有词汇你就无法表达你的想法。没有足够的词汇量，就无法有效地用英语进行听、说、读、写和交流。著名语言学家里弗（River）也认为掌握足够的词汇量是成功运用外语的关键。没有词汇，就没有办法使用所学的结构和功能。事实上，一个人词汇量的大小也在一定程度上表明了一个人的英语水平。这说明词汇的重要性。听、说、读、写都是在一定的词汇基础上进行的。如何扩大词汇量？记忆英文词汇，构词法或许是最好的最快捷的办法之一。通过“前缀 + 词根 + 后缀”等方式，实现词汇量的大的飞跃。例如：

Part 1. 名词后缀

1）-or/er/ess/crat/cis　做某件事情或职业的人或或物：worker，debtor ，actress，democrat.

2）-acy 表示性质、状态、境遇：democracy，accuracy，diplomacy.

3）ance、-ence 表示性质、状况、行为、过程、总量、程度：Importance，diligence，difference. obedience.

4）-ancy ，-ency 表示性质、状态、行为、过程：frequency，urgency，efficiency.

5）-bility 表示动作、性质、状态：possibility，flexibility，feasibility.

6）-dom 表示等级、领域、状态：freedom，kingdom，wisdom.

7）-hood 表示资格、身份、年纪、状态：childhood，manhood，falsehood.

8）-ion，-sion，-tion，- ation，- Ition　表示行为的过程、结果、状况 ：action，

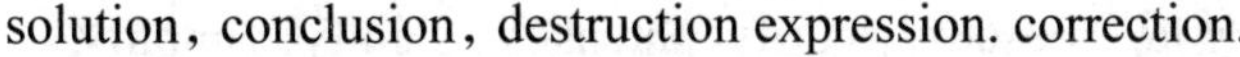

solution，conclusion，destruction expression. correction.

9）-ism 表示制度、主义、学说、信仰、行为：socialism，criticism，colloquialism，heroism.

10）-ity 表示性质、状态、程度：purity，reality，ability.

11）-ment 表示行为、状态、过程、手段及其结果：treatment，movement，judgment，punishment，argument.

12）-ness 表示性质、状态、程度：goodness，kindness. tiredness，friendliness.

13）-ship 表示情情况、性质、技巧、技能及身份、职业：hardship，membership，friendship.

14）-th 表示动作、性质、过程、状态：depth，wealth，truth，length，growth.

15）-tude 表示性质、状态、程度"：latitude，altitude（海拔）。

16）-ure 表示行为、结果：exposure，pressure，failure，procedure（手续）。

17）-grapy 表示学、写法：biography，calligraphy，geography。

18）-ic，ics 表示"……学，……法" logic，mechanics，electronics，linguistics

19）-ology 表示"…学，…论" biology，zoology，technology（工艺学）。

20）-nomy 表示"……学……术" astronomy，economy，bionomy（生态学）。

Part 2. 形容词后缀

带有属性、倾向、相关的含义。

1）-able，-ible：visible，flexible。

2）名词 -ish：foolish，bookish. selfish。

3）名词 -ive: active, sensitive, productive。

4）名词 -like: manlike, childlike。

5）名词 -y：manly，fatherly，scholarly，motherly。

Part 3. 形容词后缀

6）-some 表示引起……的 : troublesome, handsome。

7）-ful 表示充满，有 : beautiful, wonderful, helpful, truthful。

8）-ous 表示富含……的 : dangerous, generous, courageous, various。

9）-ent 表示具有 ... 性质的 : violent，denpendent。

10）-most 表示最 ... 的 : foremost, topmost。

11）-less，表示否定：countless. stainless，wireless

Part 4. 动词后缀

1）-ize，ise，表示做成、变成……化：modemize，mechanize，democratize，organize.

2）-en，表示使成为、引起、使有 quicken，weaken，soften，harden.

3）-fy，表示“使……化，使成”beautify，purify，intensify，signify，simplify.

4）-ish，表示“使，令”finish，abolish，diminish，establish

5）-ate，表示“成为……”处理，作用：separate，operate，indicate

Part 5 “前缀 + 词根 + 后缀”

前缀 de-（去掉、否定），inter-（之间、相互），trans-（转变、横过），un-（否定、单一）

后缀 -ion（表示行为、行为的过程或结果），-al（表示属于 ... 的、具有 ... 性质的），-ly（表示如 ... 的或表示某种状态），-ity（表示性质、情况），-ism（表示某种主义或宗教），-ist（表示某种主义或某种信仰者），-ic（表示 ... 的；... 学）

词根：-nat- 出生，诞生 / 天生 / 天生的。可以构成以下词汇。

1. nation [‘neiʃən] n. 国家；民族；国民

2. national [‘næʃ（ə）n（ə）l] adj. 国家的；国民的；民族的；国立的；n. 国民

3. nationally [‘næʃnəli] adv. 全国性地；以国民立场地；举国一致地

4. nationality [næʃə’nælɪtɪ] n. 国籍，国家；民族；部落

5. nationalism [‘næʃ（ə）n（ə）lɪz（ə）m] n. 民族主义；国家主义；民族特性

6. nationalist [‘næʃ（ə）n（ə）lɪst] n. 民族主义者；国家主义者；民族独立主义者

7. nationalistic [，næʃnə’lɪstɪk] adj. 民族主义的；国家的

8. nationalize [‘næʃnəlaɪz] vt. 使国有化；使民族化；使归化；使成国家

9. nationalized [‘næʃnəlaɪzid] adj. 国有的；国有化的；国营的

10. nationalization [，næʃənəlɪ’zeʃən] n. 国有化；同化，归化

11. denationalize [diː’næʃ（ə）n（ə）laɪz] vt. 使（工业等）非国有化；使变成私营；开除……的国籍

12. denationalization [‘di，næʃənəlɪ’zeʃən] n. 剥夺国籍；剥夺公民权利；非国有化

13. international [ɪntə’næʃ（ə）n（ə）l] n. 国际组织；国际体育比赛；外国居留者 adj. 国际的；超越国界的；国际关系的；世界的

14. internationally [，intə’næʃənəli] adv. 国际性地；在国际间

15.15. internationalist [，ɪntə’næʃənəlɪst] n. 国际主义者；国际法学家

16. internationalism [ɪntə’næʃ（ə）n（ə）lɪz（ə）m] n. 国际主义；国际性

17. internationalize [ɪntə’næʃ（ə）n（ə）laɪz] vt. 使国际化；置于国际管理下

18. internationalization [‘ɪntə，næʃənəlaɪ’zeɪʃən] n. 国际化

19. transnational [trænz’næʃ（ə）n（ə）l] adj. 跨国的；超越国界的

20. transnationally [trænz’næʃ（ə）n（ə）li] adv. 跨国地

21. transnationalization [trænz’næʃ（ə）n（ə）laɪ’zeɪʃən] n. 跨国化超民族化
22. native [‘neɪtɪv] adj. 本国的；土著的；天然的；与生俱来的；天赋的
n. 本地人；土产；当地居民
23. natively [‘netɪvli] adv. 生来地；天然地
24. nativism [‘neɪtɪvɪz（ə）m] n. 先天论；本土主义
25. nativist [‘netɪvɪst] n. 先天论者；本土主义者；本土文化保护者
26. nativity [nə’tiviti] n. 出生；出生地；（Nativity）耶稣的诞生
27. nature [‘neitʃə] n. 自然；性质；本性；种类
28. natural [‘nætʃərəl] adj. 自然的；物质的；天生的；不做作的
n. 自然的事情；白痴；本位音
29. unnatural [‘ʌn’nætʃərəl] adj. 不自然的；反常的；不近人情的
30. naturally [‘nætʃ（ə）rəlɪ] adv. 自然地；自然而然地；轻而易举；天生地；大方地
31. unnaturally [ʌn’nætʃərəli] adv. 故意地；违反习俗地；不合乎自然规律地
32. naturalism [‘nætʃ（ə）rəlɪz（ə）m] n. 自然主义；本能行动；自然论
33. naturalness [‘nætʃrəlnəs] n. 当然，自然
34. naturalist [‘nætʃ（ə）rəlɪst] n. 自然主义者；博物学者；（英）动物标本剥制者；
adj. 自然的（等于 naturalistic）；自然主义的；博物学的
35. naturalistic [nætʃ（ə）rə’lɪstɪk] adj. 自然的；自然主义的；博物学的
36. naturalistically [nætʃ（ə）rə’lɪstɪk（ə）lɪ] adv. 自然主义地

第二节　OBE 指导下的大学英语口语教学设计和实践案例

一、理论依据：成果导向教育理论

成果导向教育，英文全称为“outcome-based education”，简称 OBE，是指“清晰地聚焦和组织教育系统中的每个环节，确保学生在学习过程中实现预期成果或结果”。[1] 该理论由美国学者 Spady 提出。他认为，学习者一开始就要清晰认识需要达到什么样的成果或结果，然后才组织课程教学、指导和评估，以确保这种学习最终发生。成果导向教育强调学生学习结果，即学习完后能真正做什么。成果导向教育模式注重对学生学习的产出的分析、反向教学的设计以及评价体系的建立。成果导向教育指导下的教学活动，其目标的制定、过程的实施和结果的评价，都围绕学生能力来组织，注重学生课堂的获得，促进学生的知识、能力和素质等方面的成长。

OBE 的主要基础是产出而不是投入。OBE 强调学习过程以学生为中心，而不是以授课为基础。OBE 就是学生学习的前提下，学生学习是否成功比如何学习更重要。[1]

二、OBE 指导下的大学英语口语混合教学设计和实践

OBE 是一种教育范式的革新，它包含四个原则：清楚聚焦、拓展机会、更高的期望和反向设计。[1] 因此，课题组遵循以上原则进行大学英语口语混合教学设计。将预设学习成果，重构教学内容，采用教学策略实施教学，对学习成果进行多元评估。最后，在 OBE 指导下实现让所有学生都能取得最终成果的教学目标。

（一）预设学习成果

本次口语教学实践一学期共 9 周开展，通过 9 周每周为二课时的教学，学生能够就日常主题较为自如流利地与他人进行沟通交流。具体成果考核要求：每个学生在最后一周进行测评，并回答老师现场提出的两个问题。

（二）重构教学内容

本次英语口语实践教学选取某教材 16 个主题中的 8 个主题。教学实践活动围绕家庭、家乡、学校、爱好、名胜、美食、文化和习俗等主题进行展开。每个主题课前提供一定量的核心词汇，如 My college 主题中提供 be located in，on the site of, be established, the motto 等，引导学生使用较为高级的词汇，实现岗位有效的沟通。

（三）采用策略实施教学和合作评价

课题组采用大学英语口语混合教学策略，实现课内学习与课外学习、自主学习与合作学习、线下与线上、教师主导和学生主体的混合，从而实现向“学生发展、学生学习、学习效果”转变，最根本实现从以“教”向以“学”为中心转变，鼓励学生主动去获取，充分发挥学生的主动性和创造性，关注学生的学习过程，注重学生的学习成果，达到学生英语口语能力的提升。在教学实践中，每个主题两课时完成。每个主题均采用课前、课中和课后三个阶段进行教学。

1. 课前阶段

课前，课题组教师布置主题任务，并对学生任务完成提出具体策略和要求。如：要求学生根据布置的主题和提供的关键词先写好并熟悉演讲稿，同时提交作品供教师批阅，教师及时对演讲稿进行批阅和评价，然后再将评估结果及时反馈给学生，让学生进行适当修改，撰写演讲稿，补充资料，学生知己不足，进行更多的自主学习，产生更多的学习成果。通过以写促说和写说结合，达到输入和产出的良性互动，

为课堂的成果展示作好准备。

2. 课中阶段

课中阶段活动历时 90 分钟，共计 2 课时。首先，课题组教师组织学生就学生的演讲稿进行同伴复述和互评，然后教师组织学生进行课堂演讲，邀请同学担任评委，评分设奖，学生再互评，教师总评并进行策略指导，达到“以评促学”之效。在整个课堂互动活动中，教师要监控学生认真参与课堂学习，认真听取每位同学的演讲，要确保学生能够通过“听”输入信息与“说”输出信息。两者互补互促，密切相关，因为“‘听’是获取语言信息的基本途径，‘说’则是将获取的各种语言知识和技能在交际中得以外化和体现”[5]，最终实现产出学习成果。

3. 课后阶段

课后学习活动是课堂教学的延伸。课题组教师在课后阶段利用 QQ、微信群等工具，主动加强与学生的互动，及时评估学生的口语学习巩固和新任务的完成情况。“课后教师如果不对学生课后的自评和互评进行普查或抽查、点评、总结、归纳，有的学生很可能敷衍了事。”[6] 课题组教师鼓励并带领学生参与英语角、英语口语演讲比赛、互联网英语听说比赛等第二课堂活动，使学生“信其师，乐其学”，最终达到育人目标。

三、讨论

经过 8 周教学实践后，第 9 周对学生进行口语测试，由学生从 8 个主题中抽取某一主题进行自由演讲和师生问答。测试表明，学生的口语水平在不同程度均有了较大提高。同时对学生抽样就口语教学满意度进行半结构式访谈，并进行录音转写，以了解本次口语教学实践效果。

表 1

被访谈学生	学生对口语教学的满意度和希望
学生 1	老师课前布置任务，并且跟踪督促，让我更加努力认真完成
学生 2	老师提供视听等文本和听说技巧，让我学习更有针对性
学生 3	课堂口语与课前准备学习内容相关，效果很好
学生 4	老师要求我们在课前先写后说，觉得课中自己有东西可说
学生 5	老师课内外一直强调输入和产出，我真正体会到产出成果的乐趣
学生 6	课后巩固复述对我的口语能力提高有很大帮助
学生 7	课前自主学习很重要，不然就无法在课堂展示成果
学生 8	希望老师为更多的同学继续提供展示机会，锻炼自己表达能力

从访谈中得知，学生对口语教学满意度较高，也印证基于成果导向教育的口语

教学的有效性和可行性。

实践证明，OBE 理论在指导大学英语口语教学中是有效的。在教学实践中，教师要真正转变观念，坚持以学生为中心；教师要充分发挥监督和促进学习的作用，教师要在课前介入，引导学生探索和寻找学习资源，完成课前任务，以投入为导向。链接至关重要。课前教师的重要性直接影响学生课前学习的效果，影响教师能否在课堂教学中因材施教和学生参与课堂互动的积极性。课堂上，学生由主要教师带领，交流评价，促进成果输出。课后教师选择典型作品分享，做评价指导，与学生共同参与英语口语实践活动。这样，整个英语口语教学就能实现“对学生的自主学习能力、独立分析问题和解决问题能力、动手能力等进行全方位的训练”。[8] OBE 教学实践也对教师提出了新的要求。教师关心学生，乐于奉献，热心投入，才能更好地进行英语口语教学，真正践行立德树人的教学思想。

第三节　POA 指导下的大学英语听说混合教学实践与案例

随着经济全球化的发展和一带一路建设的不断推进，我国外语能力建设日显重要。《国家中长期教育改革和发展规划纲要（2010—2020 年）》指出：“提高质量是高等教育发展的核心任务”。《大学英语教学指南》指出，“大学英语教学以英语的实际运用为导向，注重培养学生的英语应用能力。在注重培养学生的通用语言能力的同时，大学英语应进一步提高学生的学术英语水平。英语沟通技巧和跨文化沟通技巧，使学生能够在日常生活、专业学习、专业岗位等不同领域或情境中进行有效的英语交流，满足国家、社会、学校和社会的需要。当前，“一带一路” 建设需要各类专业技术人才和管理人才，更重要的是文化教育。人文交流的核心是语言交流，“一带一路” 需要语言铺路 [2]。对非语言类专业的学生而言，如何能够较好较快地提高他们的听说能力，增强他们的语言交流能力和跨文化交际能力，能够用英语有效地进行交流，是广大教师们要积极面对和认真研究的课题。

一、大学英语听说能力教学现状分析

为了解大学英语听说教学现状，课题组于 2019 年 9 月对福建商学院 2019 级 96 名学生进行问卷调查。调查结果表明，76% 的学生认为学习英语对未来的工作有很大的作用；15% 的学生希望用英语与外籍人士沟通交流；只有约 7% 的学生认为学英语是为了通过四级考试。在听说读写译几方面，学生最弱的能力也是最需要提高

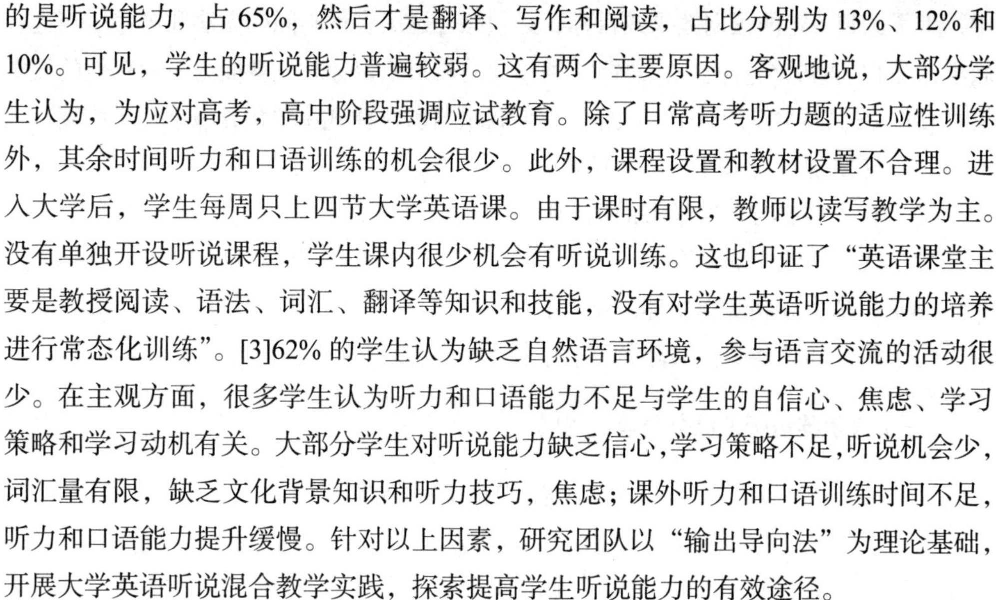

的是听说能力，占 65%，然后才是翻译、写作和阅读，占比分别为 13%、12% 和 10%。可见，学生的听说能力普遍较弱。这有两个主要原因。客观地说，大部分学生认为，为应对高考，高中阶段强调应试教育。除了日常高考听力题的适应性训练外，其余时间听力和口语训练的机会很少。此外，课程设置和教材设置不合理。进入大学后，学生每周只上四节大学英语课。由于课时有限，教师以读写教学为主。没有单独开设听说课程，学生课内很少机会有听说训练。这也印证了“英语课堂主要是教授阅读、语法、词汇、翻译等知识和技能，没有对学生英语听说能力的培养进行常态化训练”。[3]62% 的学生认为缺乏自然语言环境，参与语言交流的活动很少。在主观方面，很多学生认为听力和口语能力不足与学生的自信心、焦虑、学习策略和学习动机有关。大部分学生对听说能力缺乏信心，学习策略不足，听说机会少，词汇量有限，缺乏文化背景知识和听力技巧，焦虑；课外听力和口语训练时间不足，听力和口语能力提升缓慢。针对以上因素，研究团队以“输出导向法”为理论基础，开展大学英语听说混合教学实践，探索提高学生听说能力的有效途径。

二、理论依据——产出导向法理论

产出导向法（Production-oriented Approach）是文秋芳教授提出的一种全新的中国大学外语课堂教学理论。该理论是在输出驱动假说和输出驱动–输入促进假说的基础上进一步发展完善的。该理既强调输出过程，也强调输出结果 [4]。输出导向法是由教学理念、教学假设和教学过程三者相互关联的理论体系构成的。其中，教学理念为指导思想，体现学习中心、学用一体、全人教育，教学假设为理论支撑，包括输出驱动、输入驱动和选择性学习；教学过程以驱动–使能–评价为主线，实现教学理念和教学假设。教师在教学过程的各个环节都扮演着中介的角色。

三、产出导向法下的大学英语听说混合教学模式构建

（一）教学设计原则

1. 以产出为导向原则；
2. 自主与合作学习原则；
3. 中介和支架原则；
4. 注重学习过程评价原则。

（二）大学英语听说混合教学模式

教学模式是指教学过程中两种或多种方法或策略的稳定组合和应用。在教学过程

中，为了达到一定的预期效果或目标，必须综合运用多种不同的方法和策略。当这些教学方法和策略的结合使用，总能达到预期的效果或目标时，就成为一种有效的教学模式 [5]。根据教学设计原则，大学英语听说混合教学模式主要包含以下几个维度：

（1）课内学习与课外学习的结合；

（2）自主学习与合作学习的结合；

（3）线下与线上的结合；

（4）教师主导和学生主体的结合；

（5）听说知识与听说策略的结合。

（三）大学英语听说混合教学流程图

大学英语听说混合教学流程图：

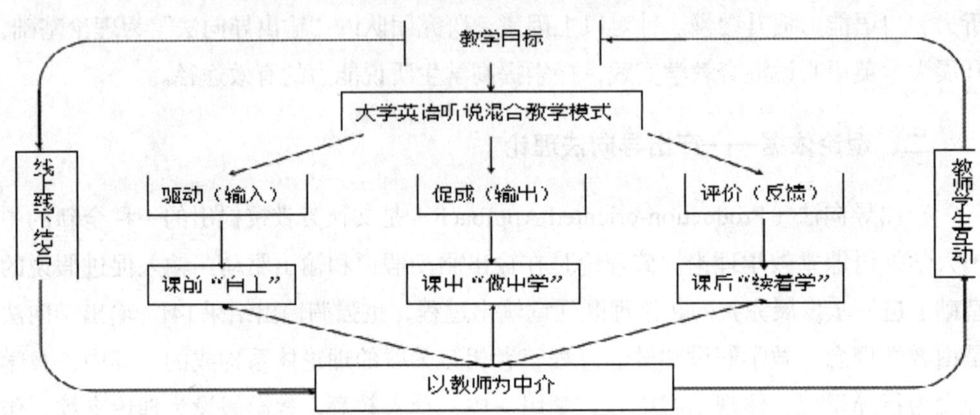

从大学英语听说混合教学的流程图可以看出，听说混合教学是通过线上线下结合，课内课外结合，使教与学无缝衔接，实施课前自学课中做中学和课后继续学习的持续教学活动。在整个教学过程中，教师发挥着重要的引导和中介作用。

四、产出导向法下的大学英语听说混合教学实践

（一）研究设计

本研究设计实验组和对照组。实验组采用以产出导向法理论为指导的听说混合教学模式，即课前、课中和课后三段式混合教学模式；对照组则采用传统听说课堂教学模式。通过前后测试、问卷调查和访谈等方式，定量与定性分析相结合，验证基于产出导向法英语听说混合教学模式是否能较快提高学生听说运用能力。

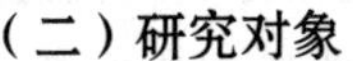

（二）研究对象

本研究对象为96名某本科院校非英语专业大学一年级学生，属于专业不相同的两个班级。分实验组（49人）和对照组（47人）。通过前测实验组间对比确认实验前两组水平相当。本实验预设与实验对象的性别无关，因此不考虑性别差异与实验结果的关联。

（三）研究过程

本实验所需材料以听说为主题材料。听力材料主要选取新闻、对话和篇章为主题的四级材料为主，自选材料辅助；口语材料选取某教材中的8个主题作为口语教学主题。听说教学实验活动均围绕以上主题展开。本实验在学期前9周开展。实行实验前测和后测。听力测试统一采用四级听力考试题型。口语测试采用个人演讲和师生问答题型。测试后进行数据比照和分析。本研究设计的实验组教学时数每周为两课时。第一周两课时用于教师对实验组学生先行讲授教学计划和学习策略的宣讲和培训。每次教学实验过程分课前、课中和课后三个阶段进行。各阶段师生任务明确。

课前活动

学生任务：接收任务，自主（或合作）学习，；完成任务；

教师任务：选择材料，布置任务，策略指导，答疑解惑。

课中活动

学生任务：成果展示、自主（或合作）学习，完成任务。

教师任务：组织管理，答疑解惑，成果点评与总结。

课后活动

学生任务：巩固学习，自主（或合作）学习，完成新任务。

教师任务：考核评价，答疑解惑，布置新任务，互动。

1. 课前活动

学习中心论告诉我们，教学必须实现教学目标，促进有效学习。因此，课前教学活动首先要确定听说教学的目标，即提高学生的听说能力，引导学生自主学习，自主学习是一个人对自己的学习负责的能力。它的特点是学习者愿意为自己的学习负责，能够独立管理自己的学习行为，并能确立目标、制定计划和根据自己的需要选择方法，监督学习过程和计划的实施，评估学习技能的应用和发展。同时要对学生进行发布任务，并对学生任务完成提出具体要求及策略。例如：对新闻类听力策略训练，要求学生每天完成2～3篇的新闻听力训练，每则新闻至少听5遍，做到精听与泛听相结合，听写与阅读相结合；要关注连读、弱读等技巧；加大新闻词汇记忆。再如：对口语的策略训练，要求学生根据教师布置的主题和提供的关键词做课前准备，利用关键词先写演讲稿，以写促说，写说结合，为课堂输出作准备。

在课前活动中，教师扮演着决策者、引导者和圈内人的角色，发挥主导作用。教师有选择教材和确定教学目标的权利；引导学生探索学习，寻找学习资源，完成课前任务，为课堂学习做好充分准备；同时，必须通过学生的互动和交流，了解学生课堂中的学习情况，为因材施教提供保障。课前阶段的教学活动主要涉及输入和输出活动。学生通过听输入信息，通过说输出信息。两者相辅相成、相互促进、密切相关，因为“听是获取语言信息的基本途径，说是在交际中获得的各种语言知识和技能的外化和反映”[7]。本阶段教师的投入程度直接影响到学生对学习的重视程度和课前效果，也就直接影响课堂教学的成败。

2. 课中阶段

在课前阶段有了输入促成和输出驱动，教师在课中就要组织学生进行做中学。课中活动历时 90 分钟，共计 2 课时，分听说两个阶段各一课时展开教学活动。这是对课前活动的一次检验，亦是学生知识输出和能力展示阶段。课中活动中，教师需要细心组织，充分发挥支架作用，为课堂创设语言输出氛围，既引导学生梳理课前学习过的材料，进行课堂听力训练，同时要组织学生课堂口语展示，积极引导学生产出与巩固习得。如：展开听力训练教学活动，教师选用与课前材料难度相当的新材料播放，要求学生认真听后，组织学生按照课前分配好的小组进行限时讨论，然后各组选派代表上台陈述各组讨论结果，亦可进行师生的互动问答，关注学生知识和能力的产出。在口语教学活动中，教师组织学生课堂演讲、邀请学生担任评委、评分奖励、学生互评、策略指导、集中点评，激发学生听、说兴趣和产生意愿。需要指出的是，教师在输出评价过程中要以输出为重点，根据提交的输出结果，实行学生互评、教师评价等混合、多元评价制度，客观反映学生的听说能力。

3. 课后阶段

课后学习活动其实是课堂教学的延伸。教师在课后阶段要充分利用 QQ、微信群等工具，主动加强与学生的互动，了解学生的听说学习情况，解决学生课前和课堂没有解决的问题，要对一些学困生的学习进行进行特别指导和帮助，增进师生情感交流，使学生们“信其师，爱其学”。教师还可以经常为学生推送一些有关听说学习资源（如来自 51VOA 新闻网站、英语视听说等公众号等资源），鼓励并带领学生参与英语角、英语口语演讲比赛、互联网英语听说比赛等第二课堂活动，充分挖掘和发挥学生听说学习兴趣与潜能。

（四）实验结果与讨论

经过 9 周教学实验后，课题组对实验组和对照组进行后测，并对前后测数据进行分析。同时对实验组抽样就听说教学满意度进行半结构式访谈，并进行录音转写，以了解本次听说教学实践效果（见表 2、3 和 4）。

表 2

	听力前测	听力后测	总分
实验组	11.2	17.8	25
对照组	11.4	14.3	25

表 3

	口语前测	口语后测	总分
实验组	62.5	80.8	100
对照组	61.2	71.2	100

从表 1 得知，实验组与对照组前测组间水平相当。实验组后测听力成绩平均分提高了 6.6 分，对照组后测平均分提高了 2.9 分。实验组后测平均分多出对照组 3.5 分，后测体现实验组听力成绩比对照组有较为明显提高。从表 2 也可看出，实验组和对照组口语成绩前后测对比，平均分分别提高了 18.3 分和 10 分，实验组高出对照组 9.6 分。显见实验组口语后测成绩进步显著。表 2 和表 3 证明了产出导向法指导下的听说教学实验过程效果明显。访谈结果也表明实验组学生对本次听说混合教学实验普遍感到满意，也提出了各自的看法和希望。（见表 4）

表 4

被访谈学生	学生对听说教学的满意度和希望
学生 1	老师对听说学习方法与策略指导很好，很有效果
学生 2	老师提供了视听等文本和精听和泛听技巧，让我在课前学习更有针对性
学生 3	课堂口语与课前准备学习内容相关，听力小组讨论效果很好
学生 4	老师要求我们在课前视听内容 5 遍，觉得很有效果
学生 5	老师课前介入和要求起着很大帮助，真正明白有输入才有输出
学生 6	课后巩固复述视听内容对我的口语能力提高有很大帮助
学生 7	课前自主学习很重要，不然就无法在课堂展示成果
学生 8	希望老师今后继续多选择一些即时社会新闻视听内容，很有新鲜感
学生 9	希望老师课后提供更多的展示机会，锻炼自己口语表达能力

听说教学实验前后测结果和访谈均表明，实验组学生听说总体水平有明显提高，

也印证基于产出导向法的听说教学的有效性和可行性，同时必将对今后的听说教学实践起促进作用。

（五）思考

这个教学实践告诉我们，在听说教学过程中，课前、课中、课后三个阶段的教学活动缺一不可。师生各司其职，各有所长，融会贯通。以产出为目标，体现以学为本、学用一体化、全人教育的教学理念。尤其是教师在课前、课中、课后积极介入，真正起到引导和脚手架的作用，使得整个听说教学真正做到“对学生的自主学习能力、独立分析问题和解决问题能力、动手能力等进行全方位的训练”。[8] 教师要真正了解学生的学习情况和需求，要特别注意课前课后对学生学习的指导和监督，让学生真正行动起来，保证学生的学习时间，引导学生学会自主学习，增强学生学习的自信心，培养学生的合作意识和竞争意识，对学生的学习起到积极的促进作用。这也对教师提出了新的要求，教师们特别要加强教学能力提升，真正践行“学习中心、学用一体、全人育人”教学思想，要关注学生的个性学习与成长，多元评价学生学业成绩，还要具有乐于奉献的精神，才能更好地助力英语听说教学质量的提高。

第四节　基于移动学习的大学英语写作翻转教学实践

《国家中长期教育改革和发展规划纲要（2010—2020 年）》指出，教师要提高信息技术应用水平，更新教学理念，改进教学方法，提高教学效果。鼓励学生运用信息化手段主动自主学习，提高运用信息技术分析和解决问题的能力。大学英语写作是英语课程的重要组成部分，其教学模式和方法直接影响其教学效果。根据课题组的调查，学生存在英语写作学习兴趣不足、输出能力弱、学习被动等问题。教师教法比较单一，投入不足，重结果评价，轻过程性评价；课堂教学师生互动明显不足，忽视课外指导。如何化解大学英语写作教学存在的问题，真正提高英语写作教学的有效性，值得每位英语教师认真研究与实践。英语写作翻转教学是一种顺应时代、满足学生需求的人性化教学策略，打破了传统教学的局限，为课堂教学带来新的思路和活力，让学生有了更多的学习体验。基于移动学习的大学英语写作翻转教学，能打破学生大学英语写作学习时空界限，为学生提供个性化的学习途径，激发学生学习动机，提高学生参与课堂实践的热情，有效提高大学英语写作教学质量。我们写作教学团队以“How to Write an Invitation Card”为主题，选择非英语专业一个艺

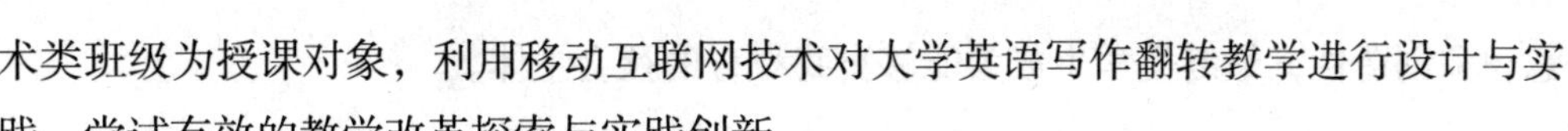

术类班级为授课对象，利用移动互联网技术对大学英语写作翻转教学进行设计与实践，尝试有效的教学改革探索与实践创新。

一、核心概念界定与理论依据

（一）移动学习

移动学习是指学习者在需要学习的任何时间、任何地点，通过无线移动设备（如手机、iPad 等）和无线通信网络获取学习资源、进行学习、与他人交流的一种学习方式。随着科技的发展以及互联网和移动设备的普及，移动学习已经成为大学生生活中不可分割的一部分。它只能满足学习者的个性化学习需求，也是课堂学习的有益补充。

（二）微课程

微课是指 10 分钟以内，教学目标明确，内容短小，重点讲解一个问题的小课程。微课主要以微视频为媒介，记录教师的知识和技能。教师还可以根据不同学科和不同教学情况的需要，采用其他方式，如音频（录音）、PPT、文字等格式。微课是指在信息技术和新媒体的支持下，将学习内容按照一定的逻辑分解成一系列相对独立、完整的单元（知识片段）群。每个单元突出一个中心内容或特殊主题。微课具有时间短、目标明确、可重复学习等特点，注重知识碎片化。

（三）翻转课堂

翻转课堂是老师为课堂教学打造的微视频，让学生在家或课外观看老师对视频中知识点的讲解，回归到师生面对面的教学形式，在课堂上交流和完成作业。翻转课堂包含三个基本要素：一是技术要素，主要是微视频；二是过程要素，主要是“课前—课中—课后”的教学活动；三是环境要素，主要是具有智能诊断功能的学习分析系统。翻转课堂的关键在于师生之间的关系、地位和角色发生了本质的变化，其内涵、方法和形式都发生了变化。翻转课堂可更名为“翻转教学”。

二、理论依据

（一）建构主义学习

学习过程是意义的主动建构过程，知识是在社会交往中通过语言的使用而建构的。建构主义认为教学是培养学生主体性的创造性活动。它要求在教学活动中尊重学生的主体地位，充分发挥学生的自觉性、主动性和创造性，不断提高学生的主观意识和创造性，最终使学生成为能够自我教育的社会主体。

（二）混合学习

混合学习就是混合任何教学形式以实现教育目标的一种学习。结合不同的传播媒体来促进有意义和激励的学习。混合教学将技术中介学习与课堂讨论相结合，可以帮助学生更好地理解课程内容，同时发展他们的认知和社交技能。混合式学习侧重于满足不同人（或学习群体）的学习风格，在合适的时间为合适的人采用合适的学习方法，使他们掌握合适的知识和技能，从而优化学习效果。混合式学习是将传统学习方式的优势与数字化或网络化学习的优势相结合；在教学过程中，只有将两者结合起来，使两者优势互补，才能获得最佳的学习效果。

三、移动学习背景下的大学英语写作翻转教学设计与实践

（一）英语写作教学设计原则

为更有效地实施翻转教学，首先通过问卷调查与访谈对授课对象进行学情分析。从调查和访谈得知，艺术类大多数学生写作基础较弱，对写作学习的兴趣不高，学习不够主动，缺少团队合作，写作资源比较匮乏。在此基础上，结合教学理论依据，我们将遵循以下教学原则来设计教学。

（1）教师主导—学生主体的教学原则；

（2）合作学习原则；

（3）个性化指导支架原则；

（4）注重学习过程评价原则。

（二）大学英语写作翻转教学实践

根据翻转教学的设计，整个写作翻转教学过程共由四大部分组成。

1. 学习材料设计与制作

（1）教学目标的确定

教学目标是任何教学活动的出发点和基础。我们的教学活动是围绕着教学目标的设定进行的，这也是教师进行教学设计的基础。本次翻转教学实践的对象是我校高职非英语专业的新生。根据对学生的学情分析，了解到艺术类学生模仿能力强，善于利用网络资源，乐于接受新媒体；具备一定的英语语法知识，英语写作能力弱；不了解英文邀请卡要素、结构和句型，无法写出得体的邀请卡。因此，课题组为本次写作教学制定如下教学目标：

①知识和技能

理解邀请卡使用场合；掌握邀请卡五大要素和基本结构；学会撰写各种邀请卡；构建学生写作能力。

②过程与手段

通过视频中师生对话进行情境话题导入，教师讲授邀请卡基本结构和句型；先在线演练，后巩固训练。

③情感态度与价值观

激发学生兴趣与更多体验，培养学生主动参与学习精神，帮助加强学生英语写作学习自信和团队互助精神。

（2）主题选定及学案撰写

教学团队根据大学英语写作教学大纲对应用文的写作要求选定主题“How to Write an Invitation Card”，同时设计视频情景，撰写学案。视频情景设计包括问题引出（师生问答）、课件展示和老师讲解与问题解决（学生答谢教师）三个环节。

①问题引出（师生问答）

Alex：Good morning，Ms Lee.

Lee：Good morning，Alice. How is it going？

Alex：Very well. Oh，Ms Lee，are you free Wednesday evening？

Lee：Yes. What is going on？

Alex：The Club Awarding Ceremony is going to be held. And I'd like to invite you there.

Lee：Wow，that's great. When？

Alex：It will start at 7 pm，on Wednesday，October 29th.

Lee：Good. And where？

Alex：At the Global Village in the Foreign Languages Studio.

Lee：Wow，that's a good choice. It's a brilliant place. But how should I dress myself？

Alex：Formal. An evening dress，if you like it.

Lee：OK. I guess I can find myself one.

Alex：You will. Ms Lee，I would like to invite our president Mr He to the ceremony as well.

Lee：That sounds a good idea，but to invite the president，you'd better prepare a formal invitation card to show your highest respect，right？

Alex：You are right，Ms Lee. but I don't know how to make one. Can you help me？

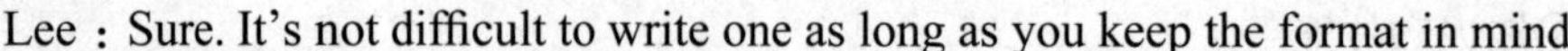

Lee：Sure. It’s not difficult to write one as long as you keep the format in mind.

Alex：Really？

②课件展示和教师讲解。

③问题解决（学生答谢教师）。

Alex：Good afternoon，Ms Lee.

Lee：Hello Alice. How is your invitation writing going？

Alex：In fact，I have made one. Here it is. Will it do？

Lee：It’s well written. Alice，you’ve done a good job.

Alex：Thank you，Ms Lee. This couldn’t be done without your help. I appreciate it a lot.

Lee：You are welcome.

（3）视频制作

本次视频情景设计完后，由教学团队中一名老师担任教师角色，另一名教师扮演学生角色，就如何撰写英文请柬这个主题进行师生问答，学生答谢老师等环节，并聘请专业摄影师拍摄，最后进行剪辑完成制作。

2. 课前活动

首先教学团队负责人对选定好的教学实践班级建立好班级英语学习微信群，发布学习任务，提出如下要求与思考。

①中英文的请柬在撰写上有什么区别？英文请柬如何撰写？要注意什么？

②通过班级英语学习微信群，上传英文请柬微课。要求学生课前观看微课视频教学内容，初步掌握英文请柬的撰写与注意事项。

其间，教师积极与学生保持联系，就微课学习与学生进行有效的互动，关注每一个学生的学习，了解他们的学习情况，督促和检查他们的学习进度和效果，最后进行答疑解惑，为课间活动打下基础。

3. 课间活动

通过课前学习活动，学生们大体理解英文请柬如何撰写及注意事项。所以，在课堂中要首先快速回顾教学视频中英文请柬的写作方法，并布置课堂训练任务，限时完成。教师可以巡回教室，督促并指导学生完成任务。在课堂限时训练期间，绝大部分同学都能掌握英文请柬的撰写格式和内容，顺利完成写作任务。限时训练完后，教师进行一对一的点评，肯定优点，指出不足，进行总评，最后布置新的学习任务。

4. 课后活动

课后学习活动其实是课堂教学的延伸。课后教师充分利用微信等移动网络沟通工具，了解学生的学习情况，解决学生课前和课堂没有解决的问题，特别是对一些

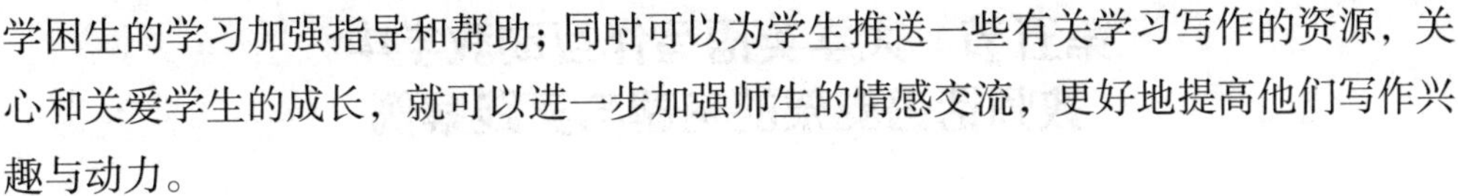

学困生的学习加强指导和帮助；同时可以为学生推送一些有关学习写作的资源，关心和关爱学生的成长，就可以进一步加强师生的情感交流，更好地提高他们写作兴趣与动力。

（三）讨论

从对参与本次翻转教学实践课程的学生访谈得知，学生们总体上对本次写作课堂教学实践感到满意。学生普遍认为，通过课前观看视频和课内练习，对英文请柬的写作已从无从下手开始到能够得心应手。

学生 1 认为，绝大部分的同学对微视频教学内容感兴趣，愿意在课外花许多时间多次观看。

学生 2 认为，本次微视频写作教学以情景为主线，自己的老师参与其中，让同学们感到很亲切。

学生 3 认为，本次教学内容量适中，非常适合对于学习基础普遍较差学生的学习。

学生 4 认为，邀请卡是基于院学生会英语俱乐部邀请学校领导参加年度颁奖典礼的实际情景设计，大大激发了他们写作的学习兴趣。

学生 5 认为，全英文微课视频写作教学，这是头一次，刚开始不习惯，多听几次，觉得收获很大，既学到写作知识，又锻炼了口语，一举两得。

总之，学生们普遍认为，在移动学习背景下，教师以翻转教学方式进行大学英语写作教学，是一种很有效的教学方式，能够充分发挥学生自主学习与实践探究的积极性。

（四）思考

翻转教学是在信息技术背景下，由课堂教学、网络教学、自主教学和实验教学相结合的多种教学方式形成的教学体系，是培养学生的自主学习能力、独立解决问题的能力和动手能力的全方位训练 [8]。因此，在移动学习背景下，通过微课程等方式进行英语写作翻转教学创新模式，要真正翻转师生的教与学之间的关系，真正体现“学生主体，教师主导”的地位与作用。教师要真正了解学生的学情和需求，特别要重视课前、课间与课后三个环节的协调、干预和督促，指导学生学会自主学习，营造自主、个性化、协作、有序互动的学习环境。教师只有加强自身信息素养和教学新理念的培训和提升，才能真正驾驭英语写作翻转课堂的教学，才能提高英语写作的教学有效性。最后需要指出的是，只有通过教师教学团队的通力合作和辛勤付出，确实关注学生的学习并关心学生的成长，才能更好助力英语写作教学质量的提高。

第五节　大学英语写作互动教学中教师话语支架的构建与实践案例

语言能力中，写作是一个非常重要的输出技能部分，有助于学习者语言知识的内化。写作能力是英语课程学习的目标之一。课题组通过对某院校从事外经贸行业工作的毕业生抽样电话访谈调查统计得知，三分之二的被调查者认为，由于时差等原因，在工作中与外商沟通交流，主要通过电子邮件来完成。写作已经在对外商务工作生活中起着重要的沟通作用。但是，根据课题组对学生的问卷调查得知，对写作感兴趣学生只占 21%；而学生对自己的作文感到满意的只有 3%，感到一般的占 58%，感到不满意的高达 38%。自 20 世纪 90 年代以来，许多教师对支架教学理论与实践开展了研究，有许多研究成果。但是，对教师如何利用支架理论指导英语写作课堂进行互动教学与合作、教师在互动教学中话语支架的构建方面微观研究甚少。教师在互动教学中话语支架的构建如何更好服务于学生英语写作学习是一个值得探讨的课题。

一、支架理论与最近发展区理论的内涵

支架式教学理论主要来源于维果斯基的最近发展区理论。美国学者布 Bruner，Wood，Mercer（布鲁纳、伍德、墨瑟）等人在其《教学在问题解决中的作用》（*The Role of Tutoring in Problem Solving*）一文中首次提出了“支架”（scaffolding）一词，指的是学习者获取新的语言结构的一种方式，即支架式教学（Scaffolding Instruction）模式。Slavin（斯莱文）在《教育心理学》中提出的支架式教学的定义为：支架式教学应该为学习者建构对知识的理解提供一种概念性框架。框架中的概念是学习者对问题进一步理解所必需的，因此，事先要对复杂的学习任务进行分解，以便逐渐把学习者的理解引向深入。Vygotsky（维果斯基）提出了最近发展区理论，即学习者实际发展水平与潜在发展水平之间的差距。学习者实际发展水平由现有独立解决问题的能力决定，学习者潜在发展水平则指在成人指导下或与有能力的同伴合作中解决问题的水平。该理论旨在通过有效的教师与学习者对话的互动形式，将学习者的理解逐渐引向更高层次，帮助学习者完成自己无法完成的任务。

二、研究方法

选取福州某高校商务英语专业 1 个班级学生为对象，共 37 人。对组内 一 教师在写作课堂中指导学生完成某项教学任务的师生话语过程进行全程录音记录，课后

对学生进行访谈，并分析教师的话语支架的构建如何更好服务于学生英语写作学习。

三、写作教学与教师话语“支架”的构建

Dickson，Chard，Simmons（迪克森，查德，西蒙斯）认为支架式教学就是为了达到学习的最佳效果，对提示的内容、材料、任务和教师与同伴的支持进行系统的程序化。Nancy Balaban（南希巴拉曼）认为，支架是“教师通过与学生的良性互动来引导学生学习的一种方式”。Fisher & Mercer（费希尔和墨瑟）认为，教师提供给学生的支架是那些鼓励学生自己思考、重视任务和细节的教师活动，也是一种使学生自己帮助自己的结构。张国荣认为支架式教学理论的核心是：一方面以学习者为中心，发挥教师的指导作用，通过教师与学生的有效互动帮助学生完成其无法独立完成的任务；另一方面，通过课堂上的成员互为支架，互相帮助，合作学习，取长补短，共同提高。如何把上述理论具体应用于教学实践，下面拟通过一次写作课实例阐述教师基于支架理论并在互动教学中通过话语支架的构建来引导和组织学生共同完成一个写作任务。

Directions：You are asked to write a short essay on the following topic. You should write at least 120

words but no more than 180 words.

My View On Reducing Carbon Emission.

Step 1 Brainstorm activity

T：Class，when we see the title of My View On Reducing Carbon Emission，what ideas will come into your mind map？ Now I would like you four students to be a team and have a teamwork for four to five minutes together and discuss the topic. First of all，let us have a brainstorm activity and jot down the words or phrases related to the topic.

Ss：OK.

通过以上教师话语引导的头脑风暴活动，学生情绪高昂，思维活跃，能使写的行为配合想的过程，并把想的成果进行讨论，由一位成员在纸上做记录。各小组均能提出较为丰富的词语，能主动、积极、有效地配合教师完成任务；教师为学生提供必要的帮助。师生、生生之间能形成良性的互动，协助学生沿着已有水平向更高水平发展，为后面的教学奠定良好基础。

Step 2 Brief introduction of the argumentative writing and outline drafting

Teacher：Argumentative writing is a kind of composition that aims at convincing the reader. It tries to make the reader agree with its point of view and support it，to persuade him to change his mind or behavior. Now it is time to draft an outline on the topic.Please note that，in general，every part has the topicsentence，which can be seen at the beginning，in the middle or at the end of the paragraph. Now，members of every team work together and finish drafting an outline the task in five minutes.

Ss：All right.

本教学步骤中，教师对议论文进行了概要介绍，使学生们明白了议论文体通常由引言、主体和结论三段式（如上）构成。教师在学生审题列提纲之前，先解释了此类型文章的三段分写法：第一段描述现象或问题；第二段分析该现象或问题产生的原因等；第三段提出建议。通过教师有针对性的指导，学生们对议论文有了初步的感性认识。在指导过程中，教师利用中英双语话语，协助学生搭起议论文体的写作框架，中英文结合，并有所侧重，对于语法术语和方法多用中文解释清楚，效果较好。

Step 3 Development of paragraphs

1）The introduction part T：The composition has three basic parts：the in-troduction，the body，and the conclusion. Now，class，you know how to write the first paragraph—theintroduction part？

S1：I am not sure.

S2：It is a little hard to write the first part.

T：Then do you know the meaning of the word“funnel”？

Ss（Answering together）：漏斗。

T：Very good. And what shape is a funnel？

Ss：上端大下端小。

T：Yes. The upper of the funnel is broader whilethe lower is narrower. One common shape of development of the introduction part is the“funnel shape”as follows：

A broad statement about your main idea— A more specific statement，Closer to main idea— Amore specific statement，Even closer to your mainidea—Your thesis statement

T：Reasonable？

Ss：Yes.

2）The body part T：Let us go on with the body part. The body should be unified：focused on expanding one central idea. It should be developed. It should be coherent.Just now，you have decided the topic sentence of every part，you know how to develop the topic sentence？

S1：We need some evidence.

S2：we can give some examples.

T：Right. When we often develop the topic sentence by some relevant supporting sentences as follows. We can give some examples，facts，figures etc. to be the supporting sentences. Understand？

Ss：Yes.

3）The conclusion part T：Well done，after we have known how to write the body part，Now we need a conclusion for the passage. How can have a good conclusion？What words or phrase can be used in the conclusion part？ What shall we say in the last part？

S1：We can use“in a word，to sum up”etc.

S2：We can repeat the main idea.

S3：We can have a summary.

T：Yes. Good. In general，we can write the concluding part by giving a brief summary，to call for some sort of action，or to give warnings or sugges tions to readers. Get it？

Ss：YesT：Meanwhile，to make the sentences more coherent，we need to use some transitive words and phrases in every part as follows：finally，due to，on the contrary，take...as an example，apart from，in addition to...Class，are you clear？

Ss：Yes.

在本步骤第一部分引言写作教学过程中，教师通过以“漏斗”词义和形状启发学生写好引言部分，并用板书和图画辅助，通过师生中英双语话语互动协商，为学生提供有力的帮助，使学生克服了畏难情绪，化解了学生不知如何开篇的困难。第二部分正文部分的教学过程中，教师通过提问与学生互动，启发学生通过扩展句论证主题，并把写作框主题句与扩展句框架投影展示给学生，使学生直观感觉如何围绕主题句进行扩展。第三部分结论部分，教师在引导学生写好结论部分的同时，引导学生在整篇文章的写作过程中要适当使用过渡词语，使上下文衔接连贯。整个教学过程显示，教师通过课堂话语为学生搭起学习的支架，对每部分进行耐心细致地指导，大部分学生都能在规定的时间内完成任务，课堂学习气氛浓厚，教学效果明显。大部分学生认为，通过老师的指导和师生、生生之间的互动，对整个文章的框架和脉络有了深刻认识，写作过程轻松愉快。正如 Raymond 所言，支架教学是教师与他人一起发挥作用的过程，对学习者的发展给予相应的支持，并提供语言结构方面的支持，从而使学习者的发展达到更高的阶段或水平。

Mercer 认为，课堂会话是“知识共享和潜在的理解转化的中介”。教师在教学过程中通过教师话语支架的构建，为学生提供了许多支架，可以帮助学生解决初次学习一种新学文体写作的疑惑和困难，充分发挥了教师的主导作用，师生互动和生生讨论互查又体现了以学习者为中心的现代教育理念。教师引导学生通过课堂上的成员互为支架互相帮助取长补短，帮助学生完成其无法独立完成的任务，实现能力较差者和能力较强者共同提高，激发了学生英语写作的兴趣和动机，对他们的写作水平的较快提高起着较大的推动作用。

第七章　大学英语跨文化交际能力的培养与实践

英语作为一种国际交流语言，在全球贸易与交往中发挥了重要作用。在我国，自小学三年级开始到大学，英语作为外语课程一直为必修课程。在经济全球化时代，学生必须意识到利用符合文化的方法与来自不同文化背景的人进行交流。

第一节　跨文化能力培养的重要性

增强学生的跨文化意识，尊重文化差异。通过教学，学生可以客观地审视其他国家的文化，增强跨文化意识，增强自身的文化意识，善于与不同文化背景的人进行交流与合作，实现双向的跨文化交际。未来，我们将保持相互尊重的原则，接受文化差异，提高学生的跨文化适应能力。能够面对不同的文化背景进行自我调整，在认知、情感和行为能力上提高自我。多种方式开阔眼界，学习民族语言，了解民族文化内涵；通过同理心加强沟通和理解，用同理心了解对方的感受和情况；根据对方的特点，随时调整沟通方式，增强跨文化沟通的灵活性。

《新指南》规定的大学英语教学要求指出，大学英语教学以英语的实际运用为导向，注重培养学生的英语应用能力。大学英语在注重学生综合语言能力发展的同时，应进一步提高学生的学术英语或专业英语沟通能力和跨文化交际能力，使学生能够在日常生活、专业学习等不同领域或语境中运用英语，适当而有效地沟通。无论是在学习、生活还是未来的工作中，学生只有具备跨文化交际能力，才能有效地进行交流。跨文化交际课程旨在提供跨文化教育，帮助学生了解中西方世界观、价值观和思维方式的差异，培养学生的跨文化意识，提高学生的社交语言和跨文化能力，培养文化沟通技巧。《新指南》还指出，跨文化交际课程注重体现大学英语的人文特色。高校可以根据需要开设不同层次的跨文化交际课程，也可以将跨文化交际内容纳入通用英语课程。跨文化交际课程分为基础级别、提高级别和发展级别。

基础级别

目的：丰富学生对中西文化的认识，培养学生对中西文化差异的认识。

授课方式：融入通识课程，隐性教学。

提高级别

目的：帮助学生提升文化和跨文化意识，提高跨文化交际能力

授课方式：开设文化、跨文化交际课程

发展级别

目的：进一步增强学生的跨文化意识，拓展学生的国际视野，提升学生的语言综合应用能力和跨文化交际能力。

授课方式：系统教学

虽然长期以来我们一直致力于教学和改革，努力发展和实现英语教学的功能和用途，但仍有很多人不满。研究结果显示，尽管许多人获得很好的英语成绩，但大多数从大学毕业的学生都无法与来自不同文化背景的人士有效地进行英语交流。究其原因，最主要的原因之一，由于国别不同，存在不同的文化差异，跨文化能力不足。要想与不同文化背景的人进行交流，如表达感激，提出请求，表达同意或不同意，仅凭语言能力不足以使学生获得英语口语交际能力。因此，跨文化交际能力培养在英语教学中的重要性日益提高。

第二节　跨文化交际能力的界定

Byram（拜伦）（1997）提出跨文化交际能力的组成部分包括语言能力、社会语言能力、话语能力、知识、解释和关联技能、发现和互动技能、跨文化态度和关键文化意识。为了促进学生在英语课堂上获得跨文化交际技能，教师对跨文化动态的理解和感知是必不可少的。有了对跨文化交际能力的理解，他们就能够更好地准确、正确地向学生传授其概念。根据比拉姆的跨文化模式，人们用语言来交流，并与文化、社区和社会交织在一起。因此，为了使他们的学生成为有能力的跨文化演讲者，教师应该在英语学习者中促进跨文化交际能力这一过程成为英语教师的重要责任，使学生在与来自不同文化背景的人进行英语交流时取得成功。

文秋芳认为，跨文化交际能力包括交际能力和跨文化能力两部分。在她的跨文化交际能力图中，交际能力和跨文化能力并列在跨文化交际能力之下，共同构成了跨文化交际能力。交际能力包括语言能力、语用能力和灵活性；跨文化能力包括对文化差异的敏感性、对文化差异的容忍度和处理文化差异的灵活性（Wen 2004：175）。在跨文化交际能力培养之前，我们要先了解一下 Kluckhohn（克拉克

洪）与 Strodtbeck（斯多特贝克）的价值观取向理论。。

第三节　Kluckhohn 与 Strodtbeck 的价值观取向理论

Florence Kluckhohn（佛萝伦丝 · 克拉克洪）与 Fred Strodtbeck（弗雷德 · 斯多特贝克）是较早提出文化理论的美国人类学家。克拉克洪和斯多特贝克（Kluckhohn & Strodtbeck，1961）的五种价值取向模式，发表于《价值取向的变奏》（Variations in Value Orientations，1961）一书中。在该书中佛萝伦丝·克拉克洪提出了有关价值取向的定义。

所谓价值取向，是指“复杂但确定性的模型原则，与人类常见问题的解决方案相联系，对人类的行为和思想起到引导和引导作用”。（Kluckhohn & Strodtbeck，1961：4）。该模型包括五个价值取向：人文取向、人与自然关系取向、时间取向、活动取向和关系取向。克拉克洪和斯多特贝克的价值取向理论基于以下三个基本假设：

（1）任何时代的任何国家都必须为某些人类共同的问题提供解决方案；

（2）这些问题的解决方案不是无限的或任意的，而是一系列选择或价值取向的变化。

（3）每一种价值取向都存在于所有社会和个人中，但每个社会和个人对价值取向的偏好不同。

克拉克洪与斯多特贝克指出，某一社会所青睐的解决这些问题的方法就反映出这个社会的价值观。因此，他们提出了五个任何社会都要解决的基本问题。

（1）人性取向——人性本善（Good）、人性本恶（Evil）或善恶兼而有之（Mixed）；

（2）人与自然的关系取向——征服（Mastery）、服从（Submissive）或和谐（Harmonious）；

（3）时间取向——过去（Past）、现在（Present）或将来（Future）；

（4）人类活动取向——存在（being）、成为（being-in-becoming）或做（doing）；

（5）关系取向——个人主义的（individualistic）、附属的（collateral）或等级的（hierarchical）。

1. 人性取向

人性取向涉及人类本质的内在特征。克拉克洪和斯多特贝克（Kluckhohn & Strodtbeck，1961）认为在回答人性问题时应考虑两个方面。第一，人性是善的、是恶的、还是善恶混杂的;第二，要考虑人性是否是可变的。此外，他们进一步提出，“混”既可以指善恶，也可以指无恶不善。因此，在回答人性问题时，我们可以有以下八种方式来解决这个问题：

（1）人性本恶而易变；

（2）人性本恶但不可改变；

（3）人性有善有恶，但多变（无论是好是坏）;

（4）人性本善恶不可变；

（5）人性无恶无善，多变；

（6）人性本善不恶，一成不变。

（7）人性本善而易变；

（8）人性本善但不可改变。不同文化中的人们对人性有非常不同的看法。西方人受基督教影响，崇尚原罪，认为人性本恶，而中国人受儒家思想影响，认为人性本善。

美国文化对人性的看法更为复杂。它不是简单地相信人性本是善或恶，而是认为人性有善有恶，善恶混杂。他们还认为，人性的善恶在出生后可能会发生变化。基督教的原罪教义反映了人性本恶的思想。通过忏悔和善行，可以洗清罪孽升天，体现了人性可以改变的信念。相反,一些社会对人性采取单一的观点。例如,在中国，儒家思想占主导地位,而儒家思想最基本的理论基础是“性善论”的理论。孟子认为，人与其他动物的根本区别在于人性本善。人性如水向下流，无一例外。流行于中国古代的教子歌《三子经》中的第一句也是“人之初，性本善。性相近，习相远。”。

换句话说，本性（天性）是良善的。而且，这种性质是相同和相似的，具有普遍性。只是因为后天的生活习惯和环境的变化，导致了各种行为的差异，导致了善的偏离现象。因此,虽然在春秋战国时期,人性本善与人性本恶之间发生了一场争论，但今天的中国主流文化仍然持有人性本善的观点。在分析一种特定的文化时，人们不能随意将某种取向强加于该文化中的每个人。

2. 人与自然的关系取向

根据克拉克洪与斯多特贝克的价值取向理论，人与自然之间存在着三种潜在的关系，即征服自然、与自然和谐相处、顺从自然。儒家的人性观从天人合一的角度来解释人与自然的关系。它认为人与自然的统一不仅是人性的必然，也是人应追求的目标，体现了人与自然的统一理念。孟子把天与人的性联系起来，认为尽心即能知性，知性就能知天。《孟子·离娄上》主张“诚者，天之道也;思诚者，人之道也”，指出人应顺从天道，遵行天道，真实而无妄，并且不傲慢。人类必须与天合一，保存和扩大天赋予人类的东西，最终发扬光大。然而，西方人文主义主张用理性和意

志来改造生活中的环境，鼓励人们征服自然，享受这个世界的物质生活。

3. 时间取向

人类时间取向可以分为三种类型：一种是过去取向（past-orientation），强调传统，尊重历史。第二种是面向现在的（present-oriented），通常侧重于短期和眼前。三是面向未来（future-oriented），强调长期性和变革性。过去的时间取向主要存在于一种非常重视传统的文化中。在这种以时间为导向的文化中，人们通常认为生活遵循传统或上帝旨意所预定的轨道。他们崇拜祖先并强调亲密的家庭关系。中国人非常重视过去。他们崇拜祖先，敬老，敬师，重视年龄和经验，因为这些方面都与过去有关。过去的取向一直影响着中国人的行为和思维。在中国社会，人们对未来并不是很感兴趣，除非它是一个非常遥远或理想的未来。人们在做事的时候，通常要考虑过去是否有人做过，可以借鉴哪些成功的经验，可以从失败中吸取哪些教训。因此，遵守规则已成为一种社会规范。

现在以时间为导向的人不太关注过去发生的事情和未来可能发生的事情。人们认为只有现在才是最重要的，他们往往只昼夜不停地生活，很少为明天做计划。现在定向的人通常只关注短期和眼前。传统的伊斯兰文化属于现在时间取向的文化。他们相信未来属于真主，不受凡人控制。任何妄想未来的人都有些心理不正常，因为只有真主知道未来。凡人就算只是谈未来，也太放肆了。因此，阿拉伯人现在以时间观念为导向，不愿预测未来。菲律宾、拉丁美洲部分国家、美国亚利桑那州北部的印第安人文化也属于当前时间取向。与其他文化相比，这些文化对时间的态度更加随意。这种有些冷漠的时间风格，往往会误解西方人，认为这是懒惰和低效的表现。

未来以时间为导向的文化非常重视变化。在这个以时间为导向的社会，改变被普遍认为是必要的和有益的，而过去是过时的，应该被抛弃。克拉克洪和斯多特贝克（Kluckhohn & Strodtbeck，1961）与霍尔（Hall，1959）都认为这种时间取向存在于美国社会。在美国，新产品的种类和包装层出不穷，因为他们相信只有这样才能吸引顾客。在过去取向的中国社会里，人们通常更相信老品牌和老字号。

4. 活动取向

人类活动存在三种取向，即做、存在和成为（Kluckhohn & Strodtbeck，1961）。美国社会是一个强调行动（“做”）的社会。人们必须不断地做事，不断地运动，才能有意义并创造价值。美国人努力工作，并希望因为他们的成就而在晋升、加薪等方面得到认可。他们还关注活动的类型。活动通常具有外部形式，并且必须是可以看到和触摸到的可量化的活动类型。在评价一个人时，美国人总是问“他/她做了什么？”和“他/她完成了什么？”

“存在”取向正好与“做”取向相反。安然耐心被视为一种美德，而不是无所

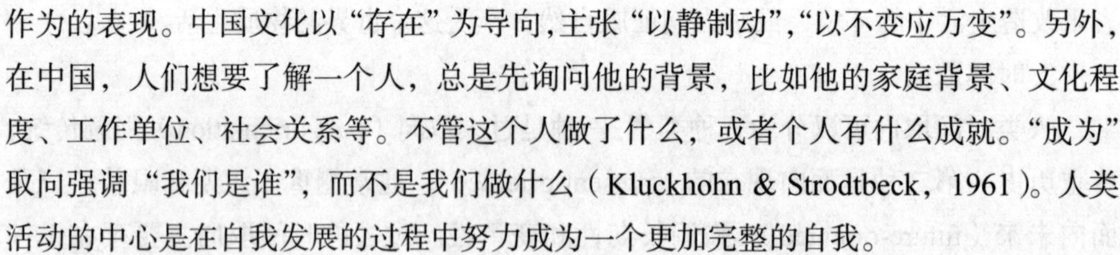

作为的表现。中国文化以“存在”为导向,主张“以静制动”,“以不变应万变”。另外,在中国，人们想要了解一个人，总是先询问他的背景，比如他的家庭背景、文化程度、工作单位、社会关系等。不管这个人做了什么，或者个人有什么成就。“成为”取向强调“我们是谁”，而不是我们做什么（Kluckhohn & Strodtbeck，1961）。人类活动的中心是在自我发展的过程中努力成为一个更加完整的自我。

5. 关系取向

克拉克洪和斯多特贝克（Kluckhohn & Strodtbeck，1961）提出人类在处理人与人之间的关系时也具有三种取向，即个人主义取向、等级取向和从属取向。个人主义取向以个人自主为特征，个人被视为独特而独立的个体。在这个方向上，个人的目标和目的高于群体的目标。层次取向侧重于群体，群体目标优于个人目标（Kluckhohn & Strodtbeck，1961）。在等级森严的国家，群体被划分为不同的等级，每个群体的地位保持稳定，不随时间而改变。

等级制社会倾向于实行贵族统治。许多欧洲国家的贵族就是这样。附属性取向也关注群体，但它不是具有时间连续性的群体，而是在时间和空间上与个体有最密切关系的群体成员。事实上,这种取向只考虑人的群体成员,而不是具体的人。例如,中国人习惯于将自己视为群体中的一员，认为个人不应该独立，而应该尽力成为一个群体，并与群体保持和谐的关系。当个人利益与群体利益发生冲突时，个人应该牺牲自己的利益来保护群体的利益。美国人正好相反。他们认为每个人都是独立的个体，应该对自己负责，强调个人的独立性。因此，年轻的美国人在十八岁时离家出走。即使他们的学校或工作地点离父母家很近,他们也一定会另找房子,独立生活。

吉尔特·霍夫斯塔德（Hofstede）提出的五个文化维度如下：

如何通过乐于接受的方式、易于理解的语言来讲述好中国故事，知晓中外文化差异，这是我们每位外语教育工作者要思考的问题。首先，我们还是要先明确中西文化差异在哪些方面。吉尔特·霍夫斯塔德（Hofstede）从五个文化维度来衡量不同国家文化差异。

1. 个人主义与集体主义

个人对人际关系（他们所属的家庭或组织）的认识和重视程度。个人主义是指松散的社会结构，假设其中的人只关心自己和最亲近的家庭成员；而集体主义是一种紧密的社会结构，人们分为内部群体和外部群体，人们期望自己成为你的内部群体照顾自己，你对这个内部群体绝对忠诚。

2. 权力距离（PowerDistance）

指某个社会中地位低下的人对一个社会或组织中权力分配不均的接受程度。不同国家对权力的理解不同，因此在这个维度上存在较大差异。欧美人不太看重权力，

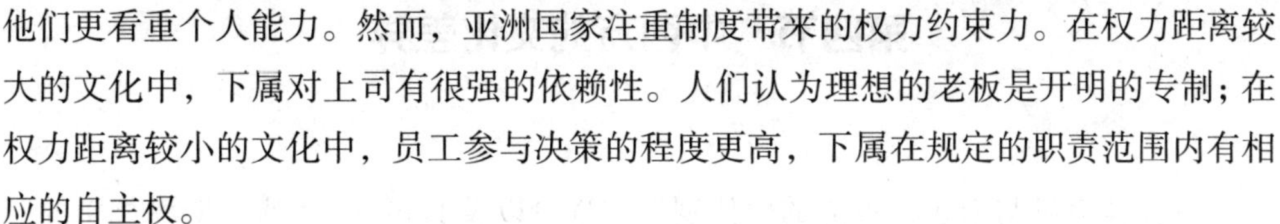

他们更看重个人能力。然而，亚洲国家注重制度带来的权力约束力。在权力距离较大的文化中，下属对上司有很强的依赖性。人们认为理想的老板是开明的专制；在权力距离较小的文化中，员工参与决策的程度更高，下属在规定的职责范围内有相应的自主权。

3. 不确定性规避（uncertainty avoidance）

指一个社会是否受到不确定事件和非常规环境威胁的影响，通过正规渠道来避免和控制不确定性。一个社会对不确定和模棱两可的情况所感受到的威胁程度，试图确保职业安全，制定更正式的规则，拒绝越轨的观点和行为，并相信绝对的忠诚和专业知识来避免这种情况。回避程度高的文化更注重权威、地位、资历、年龄等，通过提供更大的职业安全、建立更正式的规则、不容忍极端的观点和行为、相信绝对的知识和行为来尽量避免这些场景。回避程度低的文化对异常行为和意见的容忍度更高，规章制度也更少。它们允许哲学和宗教中的不同观点同时存在。

4. 男性化与女性化（masculinity versus femininity）维度

男性化与女性化（masculinity versus femininity）的维度主要取决于一个社会是代表竞争、更随意等男性品质，还是代表谦虚、更关心他人等女性品质，以及男性和女性功能的定义。阳刚和阴柔是指“男性”价值观在社会上的盛行程度，即自信，追求金钱和物质，不关心他人，强调个人生活质量。相反的是“女性”价值观占主导地位。

5. 长期取向与短期取向（long-term versus short-term）维度

长期取向与短期取向（long-term versus short-term）维度是指某一文化中成员延迟满足其物质、情感和社会需求的程度。长期导向和短期导向表明一个国家对长期和短期利益的价值观。具有长远导向的文化和社会主要面向未来，更注重对未来的考虑，以动态的眼光审视事物；注重节约、节俭和储备；一切都可以做。文化和社会的短期取向是面向过去和现在，注重眼前利益，尊重传统，重视社会责任；管理中最重要的是此时的利润，上级对下级的绩效考核周期较短，要求立竿见影，急功近利，绝不拖延。这个维度显示了一种道德生活在没有任何宗教证明的情况下值得追求的程度。长期导向指数与各国的经济增长有很强的关系。学者们认为，长远导向是推动发展的主要原因之一。

要了解一个国家的管理文化，不仅要了解这个国家，还要对其文化有一个完整的概念并能够理解它。Hofstede 独特的统计研究方法的结果告诉我们，即使在处理最基本的社会问题时，另一个国家的人的思想、感受和行为也可能与我们有很大不同。Hofstede 的文化尺度理论也提醒管理者和战略家要记住，人类总是会根据他们现有的经验来思考、感受和行动，尤其是在国际环境中工作时。

第四节 中西方的文化差异

从克拉克洪与斯多特贝克的价值观取向理论以及 Hofstede（霍夫斯塔德）的五个文化维度分析可以看出中西方的文化的共性和差异。

从人性的角度来看，中西之间存在着不同的理论。西方在基督教的影响下，崇尚原罪论，认为人性本恶，而中国人则受儒家思想的影响，认为人性本善。随着时代的变迁，许多中西方人并不认为人生来善或恶，而是认为人性可善可恶，善恶混杂。他们还认为，人性的善恶在出生后可能会发生变化。在中国主流文化中，绝大多数中国人都认为人性本善。

从人际关系和权力距离来看，西方崇尚个人主义，他们只关心自己和最亲近的家人；权力距离也小；中国人讲究集体主义，人们在一个紧密的社会结构中被分成内部群体与外部群体，人们期望他们所处的内部群体能够照顾自己。这样，权力通常是有等级的，人们更看重权威、地位、资历、年龄等，努力提供更大的职业安全感。从中文名字的顺序和中国人写地址的方式，我们也可以看出其与西方的区别：先有集体，再有个人，所以中国人名字的顺序总是姓在前；地址也是先写大地方后写小地方，后写收信人姓名。

从时间取向来看，中国人更倾向于过去取向。我们重传统、敬历史、敬祖、敬老、敬师、重年龄、重经验。过去的取向一直影响着中国人的行为和思维方式。人们在做某事时，通常要考虑过去是否有人做过，可以借鉴哪些成功经验，应该吸取哪些失败教训。美国人类学家爱德华·霍尔（Edward Hall，1983）在《超越文化》一书中首次区分了两种不同的时间概念，单向计时制和多向计时制。单向计时制认为“时间是线性的，可分的，就像一条路或带，向前延伸到未来，向后延伸到过去”。“单向计时制讲究时间安排、舞台时间和准时。”“在我们看来，同时做两件事几乎是不道德的。”美国和很多欧洲国家都有这种时间观念：日程、期限、讲究效率、制定短期计划的倾向和一次只做一件事的时间习惯。多向计时制（poly-chronic time）的特点是“同时做几件事情”，强调人的参与和完成事情，不拘泥于预先安排好的时间表。多向计时通常被视为一个时间点，而不是一条带或一条路。大多数亚洲人都有这种非线性的时间取向。他们不严格遵守时间安排，安排更灵活，不把时间看成是具体的和真实的。

美国人类学家爱德华·霍尔（Edward Hall，1983）在《超越文化》一书中也提出了语境文化的概念。“在一种文化的言语交际过程中，如果话语意义的创造高度依赖于语境，较少依赖于所使用的语言，那么这种文化就是一种高语境文化；反之，

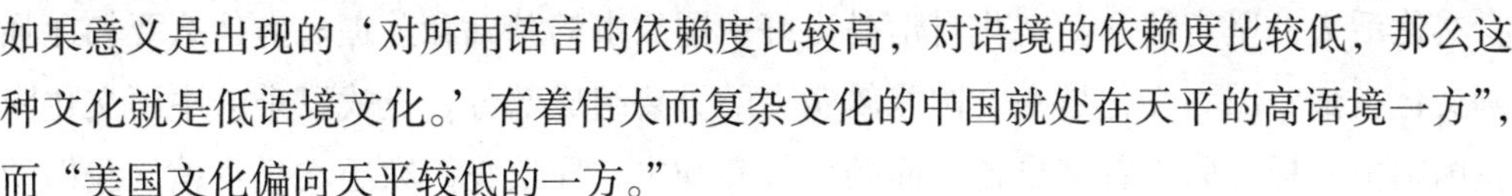

如果意义是出现的‘对所用语言的依赖度比较高，对语境的依赖度比较低，那么这种文化就是低语境文化。’有着伟大而复杂文化的中国就处在天平的高语境一方”，而“美国文化偏向天平较低的一方。”

这也说明，西方文化中的语境通常是线性的，直入主题，不拐弯抹角。中国文化博大精深，正如经常会出现话中有话的现象，往往也容易引起人们的猜测甚至迷惑。

运用克拉克洪与斯乔贝克提出的五大价值取向理论、吉尔特·霍夫斯塔德（Hofstede）的五个文化维度分析以及霍尔（Edward Hall）有关时间分类、语境文化论，能够帮助我们理解许多平时观察到的文化差异现象，并对有些“异常”行为进行合理的解释并以此区分文化，明确不同民族和国家的文化及价值观等方面有相当不同的观念，并且这些不同观念会显著地影响他们生活和工作的态度和行为，帮助我们在与他国人士交往中能够更好地互相尊重和了解，使得文明因交流而多彩，因互鉴而丰富。

第五节　文化自信背景下跨文化交际能力培养与实践

党的十八大以来，习近平总书记高度重视文化建设，多次提出要增强文化自信。文化自信是激励中华民族实现中华民族伟大复兴的中国梦的精神内核。在纪念建党95周年的讲话中，将文化自信与道路自信、理论自信、制度自信正式结合起来，提出中国共产党人“坚持不忘初心、砥砺前行”，必须坚持“四个自信”。文化自信是更基础、更广泛、更深层次的自信。5000多年文明发展中孕育的中华优秀传统文化，党和人民伟大斗争中孕育的革命文化和社会主义先进文化，积淀着中华民族最深切的精神追求，代表着独一无二的中华民族的精神认同。要弘扬社会主义核心价值观，弘扬以爱国主义为核心的民族精神和以改革创新为核心的时代精神，不断增强全党全国各族人民的精神力量。

习近平总书记在党的十九大报告中进一步强调，“文化自信是一个国家和民族发展的更基础、更深层次、更持久的力量。文化兴国运兴，文化强民族强。没有文化的繁荣，就没有中华民族的伟大复兴。我们必须坚持走中国特色社会主义文化发展道路，激发全民族文化创新创造活力，建设社会主义文化强国。”

一、文化自信的重要性及讲好中国故事的困境

文化自信是一个国家、一个民族、一个党对自身文化价值的充分肯定，是对自

身文化活力的坚定信念。文化自信是讲好中国故事的基础和前提。为什么要如此强调文化自信？因为文化是一个国家软实力的重要组成部分。近代以来，中国文化同我国国情一样，面临着来自各方面的挑战和冲击，导致我们缺乏文化自信。我们的大学生也深受这些冲击和挑战的影响。我们在讲述中国故事时遇到了一些问题。有些人对中国传统文化持批判和不自信，盲目相信西方文化，后现代社会否定文化的主体性、民族性和精神性，导致文化虚无主义和冷漠文化力量的蔓延，社会主义意识的缺乏和焦虑，文化消费主义和娱乐心态的泛滥。

调查显示，很多学生表示学习传统文化非常困难。原因有：基础不够，与所学专业联系不大，学习效果不明显，学习动力不足等。也有一些人盲目崇拜西方文化，缺乏警惕。它体现了心理上对西方文化的接受和钦佩，行为上对西方各种行为的追随和模仿，生活方式上对西方生活方式的模仿和整体接受。目前，我们大多数人还是在中国式思维、中国式交流、中国式表达上发表自己的看法。在与外国交流、讲中国故事时，他们仍然没有用跨文化思维来分析原因。国际社会对中国梦、中国道路、“一带一路”等一系列国家政策不理解、误解和质疑。主要症结在于我们的跨文化交际者缺乏跨文化交际技巧（庄恩平,2016）。如果一个中国人对中国文化知之甚少，当他接触到多元文化的生活或工作环境时，即使他说一口流利的外语，他的生活方式也和当地人一样。在与他人交流时，如果他不能讲述自己的文化故事，通常很难得到别人的尊重，因为其他文化背景的人肯定会把他当作中国文化的代言人，希望向他学习中国。

人们只有对自己的文化有足够的认识和自豪感，才能在多元文化的环境中与同一层次的不同文化背景的人进行交流。因此，要培养学生的跨文化意识，增强学生对文化差异的敏感性，以及从文化差异的角度看待、分析和解决问题的能力。在跨文化交际的语境中，学会观察和判断问题，基于身份认同选择合适的交际方式，运用跨文化冲突的相关理论指导人们处理交际过程中的误解或冲突。跨文化教育和跨文化培训更多地是在意识、情感、态度和能力层面帮助学生，按照文化的普遍规律，教会人们通过观察和有意识的体验去探索新的环境。

二、跨文化交际能力培养策略

（1）教师提高自身跨文化交际能力培养意识，同时提高自身跨文化交际的知识与技能；

（2）改革教学内容与方法。除了教授学生基本语言知识与技能（词汇语法、听说读写），更要指导学生扩大阅读量，有意识地了解文化知识：中国文化和外国文化接触真实语料，尤其是立体资源，给全方位提高语言文化素养提供更好平台与机会，

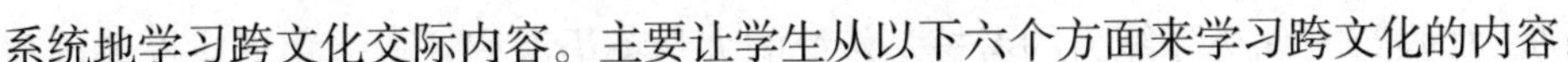

系统地学习跨文化交际内容。主要让学生从以下六个方面来学习跨文化的内容：

①文化、语言与交际的关系；

②中西方交际方式的主要差异；

③中西方在处理主要社会关系上的差异；

④汉英姓名和称谓的异同比较；

⑤中西方非言语交际的主要差异；

⑥中英常用成语、谚语、俚语、委婉语和禁忌语比较。通过系统学习，学生对中国与英语国家的主要文化习俗和价值观有更全面的了解和比较，熟悉中英交流的主要差异，提高文化差异意识，掌握跨文化交际的基本知识和技能，从而帮助学生在与英语国家的人交流中避免或解决因文化差异可能造成的各种误解或问题，从而提高跨文化意识和素质沟通。

又如：通过学习东西方宴会文化的差异，学生知道在西方英语国家，最重要的是交流本身。宴会方式虽然比较简单（可能与分餐制有关），但形式却是多样化的，自由化的。他们崇尚节约，讨厌餐桌上的浪费，因此点菜以量足为原则。大多数主人遵循一视同仁、尊重客人意愿的原则，并没有像中国人那样以独特的尊重和自卑来对待客人。在宴请时，主人不会为客人夹菜，而是让客人自行选择，建议他们"Help yourself"，"Have a try"或"Make yourself at home，"接受劝酒或食物时，礼貌的方式是直接表达愿意或不愿意，而不是反复拒绝，主人也不会勉强。朋友一起出去吃饭，最后大家要么单独付钱（go Dutch）要么分摊账单（split the bill）。

（3）组织学生参与模拟跨文化交际任务的训练，或参与真实交际活动，在真实交际中成长，不断尝试，培养交际能力。适时创设情景，让学生通过大量课文练习运用常用习语，如 face the music（勇于承担责任）、a white elephant（昂贵而无用的东西）、a white lie（善意的谎言）、play games（敷衍塞责）、in the pink（健康状况良好），in the red（欠债）等。学生通过模拟练习熟练运用词语后，就可以逐步将其运用到真正的跨文化交际中。引导学生多观看 TEDTALK 等演讲类视频，让学生更好地了解来自世界各地的文化特色，有机会听到各种口音的英语，从演讲中还可以感受到各地生活方方面面，有机会了解各种风土人情和文化传统，有机会学习交际的各种有效途径，还可以从演讲者了解许多新颖的观点，有机会从新的角度洞察社会和人生。

（4）为学生搭建真实的跨文化交际的实践平台。我们可以充分利用外教资源，定期组织学生和外教讨论某些话题。外教能够及时有效地纠正中国学生在跨文化交际过程中所犯的跨文化的错误；此外，我们还通过互联网聘请了一些外教，搭建在线交流与答疑平台，让学生在与外教的交流中得到真实的感受。

（5）加强跨文化交际能力的考核。传统的大学英语课程评价采用形成性评价和总结性考试相结合的方式，形成性考试占课程总成绩的40%，主要考察学生在学习过程中的表现，期末考试占60%。但是对于培养跨文化交际能力方面的考核没有给予重视，我们可以在终结性考试的试题增加跨文化案例分析题，在学生运用语言能力的同时也体现了跨文化交际的能力。

（6）培养学生既要有跨文化意识，又要有发展的思维。世界在变化，中国在发展。中国正走向世界，世界离不开中国，中国文化也将更加具有世界性。

众所周知，大学英语课程的人文性和工具性决定着每位大学英语课程教师要学会在英语教学中教会学生如何讲好中国故事。这也是大学英语课程思政的基本要求。

教师不仅是语言知识的传授者和问题的解答者，更是中华文化的传播者，是学生形成正确思想文化观点的引路人。语言和文化是紧密结合的。在大学英语课堂教学中，要从不同方面分析中国优秀文化的精髓，教会学生学习西方优秀文化。通过比较西方文化和中国文化的差异，学生会对自己的文化有深刻的理解和自豪感。教师应采用多种课堂教学模式，为学生提供更有效的跨文化学习机会，逐步提高跨文化交际能力，培养学生的文化和跨文化思维，充分发挥学生的跨文化思维能力。激发他们的积极性，提高他们的批判性和创造性思维能力。教育学生在学习西方文化的同时，深入探索中华文化的内涵，增强中华文化的自信和中华民族的骄傲，弘扬和传承中华文化，真正做到知行合一，学习与应用相结合。

第八章　大学英语教学多元评价体系的构建与实践

我国高等教育的快速发展，对大学英语教学提出了新的更高要求。新时代进行的新一轮大学英语教学改革，不仅是教学模式的改变，更重要的是对与之相适应的评价方式也应进行相应的改革，构建合理的基于建构主义理论的大学英语多元评价体系，保证大学英语教学质量，也是落实《大学英语教学指南》的重要保证，更好地培养学生英语综合运用能力。《新指南》指出，评价和测试是检验教学质量、促进大学英语课程建设发展的重要手段。大学英语课程评价涵盖了课程体系的方方面面。大学英语教学管理者、专家、师生要积极参与评价活动，综合运用多种评价方法和手段，做好内部评价、外部评价、形成性评价工作。通过总结性评价、定量评价和定性评价，实现评价对课程开发的促进作用。提高教育教学质量需要完善的教学质量评价体系。教学质量评价主要是对教学情况进行定性和定量分析，有效地评价教学效果，为教学的改进提供方向。教学评价是基于一定的教学目标，采用可行的教学方法，对教育现象和效果进行价值判断，为教育决策提供教育依据。因此，教学评价是教学活动中的重要环节，是大学英语教学中不可缺少的组成部分。新形势下，要充分利用多媒体和网络技术，以现代信息技术为支撑，使英语教学不受时间和地点的限制。随着网络技术和云数据等教学辅助系统的快速发展，大学英语教学评价体系也应发生相应的重大变化。本章就如何建立科学的评价与测试体系，探讨与大学英语教学评价改革相关的内容，具体涉及对教学评价的方式、评价的手段、评价的内容、评价的依据和效果等进行阐述，为大学英语课程的实施和管理提供有效反馈，推动大学英语课程的改革和发展，实现大学英语教学质量和大学生英语能力不断提高的总体目标。

第一节　大学英语教学评价现状分析

在大学英语教学中，还普遍存在着教学评价方法单一、教学质量评价不全面客观的现象。主要体现在课程单一，课程教学不能满足教学目标要求，课程考核过于片面和规范，评价体系比较简单，评价数据不够客观。它具体反映了以下问题：

（1）在评价理念上只突出等级评定，未能根据学生原有基础进行个性化评价，缺乏激励机制，无法让不同层次的学生感受自己得到关注或关心，形成学习的良性循环。

（2）评价手段较为单一，过度重视传统的终结性评价，对形成性评价内容、目标没有统一标准，重视教师评价而忽视学生自评和互评，重视传统的评价方式而忽视现代评价方式。

（3）评价内容不够全面。因此，大学英语教学首先要加强学生听、说、读、写、译等基本语言技能，尤其是语言应用能力的培养。目前的考试主要侧重于听力、阅读、写作和翻译的考核，缺少口语技能考核。注重评价学生掌握的基础知识和教材知识，忽视评价学生的综合能力和素质，如批判性思维、创造性思维能力判断，很少考虑学生的情绪、学习态度、学习策略、跨文化交流等。

（4）评价主观性强。教师会根据学生的平时课堂的表现和作业情况，给予平时成绩。平时成绩也会在考试中占取 40% 的比例。在教学实践中，教师往往在平时成绩的处理上显得十分随意，没有落实到哪些项目及各项的具体评价标准，具有一定的片面性，无法对学生的学习过程予以客观、公正的评价。

第二节　教学评价及类型

教学评价是指根据一定的教学目标，采用可行的教学方法，对教育现象和效果进行价值判断，为教育决策提供教育依据，改善教育服务过程。它是教学的重要组成部分。

外语教学评价可以从不同的角度进行分类。根据评价对象，可分为课程评价和学生评价；按评价过程可分为起始评价、形成性评价和总结性评价；可以根据评价的功能来划分。用于选择评估和诊断评估；按评价内容可分为课程标准评价、学业评价和能力评价；根据评价参考标准又可分为标准参考评价和规范性参考评价，但这些分类方法并不相互排斥，而是可以相互交叉。形成性评价和终结性评价就是一例，它们可说是以课程标准为基础的，也可说是按评估过程而界定的。大学英语课程提供的三种主要评价方式是诊断性评价、形成性评价和终结性评价。

一、诊断性评价

在学期开始或单元教学开始时评估学生当前的知识和能力发展。它包括通常所说的底层测试，以了解学生当前的知识和能力发展、学习特点、优势和不足，其目的是更好地组织教学内容和选择教学方法，从而因材施教。诊断性评价又称预评价，是安排在教学设计之前，是制定教学目标、组织教学内容、选择学习策略的基础。各大学的大学英语分类测试是一种诊断性评价。

二、形成性评价

形成性评价是指在教育活动过程中为了不断了解活动状态，及时调整活动，提高活动质量而进行的评价。形成性评价旨在了解活动的利弊以改进活动，而不是判断利弊和评价绩效。形成性评价是在活动过程中根据活动过程进行的有计划的评价。是在教学过程中确定学生的学习成果，以指导教学进度或使教学更加完善。形成性评价可以及时了解教学阶段的结果、学生的学习进度、存在的问题等，从而及时反馈、及时调整和改进教学工作。形成性评价是一种持续性评价。评价内容涉及学习行为、学习策略、学习能力、情感态度、参与度、合作意识等。形成性评价的对象是活动进程某一阶段的全部内容。例如，对学生学习状况的形成性评价，在一单元学习结束时，通过对学习单元内容考查测试了解学生的掌握情况，对学生未掌握部分找出原因，并且及时反馈给学生，以便学生及时改进或订正。形成性评价有利于促进学生语言技能的提高，有利于学生综合素质的发展。形成性评价具有诊断促进功能、反馈激励功能、反思总结功能、记录成长功能。形成性评价强调将评价结果以科学、恰当、建设性的方式反馈给学生，从而促进学生的发展。形成性评价可以帮助学生总结学习过程中的得失，反思自己的学习过程，记录自己的成长过程，为学生提供一个自我展示的平台，鼓励他们展示自己的努力和成就。形成性评价后，对考查中反映的未被学生普遍掌握的那些内容，教师要考虑采取重新讲解、补习等措施，以达到使学生掌握所学内容的目的。

根据形成性评价的特点和评价过程，形成性评价主要分为以下几类：

（1）自我评价。自我评价是指被评价人（学生）了解相应的标准，对自己的学习过程、学习能力、知识结构进行自我评价，从而及时了解自己的不足，制定相应的学习策略。这种评价不仅可以对个别学生进行，教师和教学管理部门也可以对自己的教学过程和管理过程进行自我评价。评价的目的是通过自我评价了解学、教、管理的过程，及时反馈教、学、管过程中存在的问题。被评价者有针对性地调整教、学及管理策略，达到促进、改善和提高的目的。

（2）学生互评。学生互评是一种建立在学生之间信任与合作基础上的评价模式。在学生的学习过程中加强合作与创新，对促进大学英语学习，尤其是大学英语自主学习具有很大的促进作用。学生互评也要求学生在协同学习过程中积极配合，共同发现、分析和解决问题，有利于学生批判性思维的培养和创新能力的提高。

（3）教师评价。在形成性评价中，虽然强调自我评价和学生互评的方法，但由于教师在教学过程中的管理和指导作用，教师评价不仅是对教学过程的评价，也是一种自我评价的活动。通过教师评价，可以充分发挥教师在教学中的主导作用。在教师的指导和帮助下，学生了解自己的不足和问题，及时调整学习计划和重点，有利于学生的自我发展。

三、终结性评价

终结性评价指在某个相对完整的教学阶段结束后对整个教学目标实现程度做出的评估。换句话说，终结性评价指的是在教学活动告一段落时对教学目标和成果所进行的评价。例如每学期的大学英语期末考试，就是对学生本学期学习的表现与能力所做的评价。它是检测学生综合语言运用能力发展程度的重要途径，也是反映教学效果的重要指标之一。终结性评价必须以考查学生综合语言运用能力为目标，力争科学、全面地考查学生经过一段时间学习后所具有的语言水平。大学英语测试应包括口语、听力和笔试等方式。终结性评价可用来考查学生的学习是否达到了既定的教学目标，即通过对学生的成绩进行评定来确定教学方案是否有效。

第三节　大学英语教学多元评价体系构建研究

《新指南》指出，要按照指南确定的教学目标和教学要求，对课程体系的各个环节进行全面、客观、公正的评价，及时有效地为学生提供反馈信息。推动课程与教学，促进课程建设与发展。大学英语课程综合评价的内容既包括与教学直接相关的课程设计、教学目标、教学内容、教学方法和手段、教学支撑环境等方面，也包括学业评价与测试、教学管理、课程平台和教师发展等教学质量保障体系。《教育部关于狠抓新时代全国高等学校本科教育工作会议精神落实的通知》（下称《通知》）指出，要切实加强学习过程考核，加大过程考核成绩在课程总成绩中的比重，……坚决取消“清考”制度。从《新指南》和《通知》中可以看出，大学英语评价要重点关注两个方面，一方面是课程体系的各个环节，另一方面是综合评价，也就是评

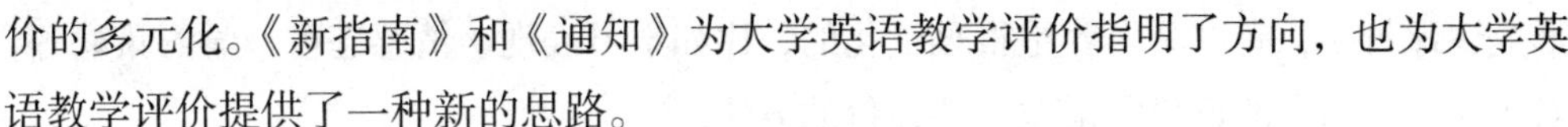

价的多元化。《新指南》和《通知》为大学英语教学评价指明了方向，也为大学英语教学评价提供了一种新的思路。

一、多元评价理论基础

多元评价教学理论是由美国心理学家霍华德·加德纳提出的。这个概念是基于他的多元智能理论。他认为，人类智能包括语言智能、数理逻辑智能、音乐智能、空间智能、肢体运动智能、人际交往智能、自我认知智能、自然观察智能等八种智能。它们彼此相对独立，并以多种方式存在。多元智能理论的本质承认人类的智能是多样的，并表现在多个维度上。这就要求我们在教学中根据课程性质、教学要求、教学对象和内容，采取灵活多样的评价方法，以自由的教学情境为基础，重视不同学生的认知和思维差异，强调以学生为中心，鼓励学生发挥主观能动性，培养学生的多元智能，实现对学生知识、能力、素质等方面的多维度评价，为学生提供信息，最终保证学生的全面发展。建构主义理论对多元评价的教学理论也产生了重大影响。建构主义认为，学生不是外部刺激的被动接受者，而是知识的主动建构者。教师不是知识的灌输者，而应该是学生积极建构知识意义的帮手。学生应通过自我监督、自我测试、自我反思，检查和了解自己构建新知识的过程和效果，以便随时改进学习策略，以达到最终的学习目标。因此，在教学中，教学评价的主体应该是学生。包括学生的自我评价和相互评价，让学生积极参与学习过程，而不仅仅是老师的评价。评价不仅是学生学习的结果，也是对学生学习的全面评价。

二、大学英语教学多元评价体系的构建原则

无论是现代教育理论还是大学英语教学本身的特点，都要求大学英语教学评价应该是一个多元、平衡、动态的评价体系。大学英语多元评价体系的构建应该遵循如下原则：

（一）形成性评价与总结性评价相结合

目前多数高校在实际操作中所采取的评价仍然是总结性评价为主，其所占比重较大。不少高校逐步提高了形成性评价比例。其实，教学评价并没有固定的模式，关于形成性评价与总结性评价所占的权重问题，应该本着符合本校的实际情况，以促进教学质量提高为原则，制定出相应的评价标准。

（二）定性评价与定量评价相结合

测试和量化打分是传统教学评价中常用的方法，也就是说以定量评价为主。在

形成性评价中，有部分内容是很难量化的，比如学习表现、情感态度、学习策略等，对于这部分内容的评价宜采取定性评价的方法。

（三）评价主体多元化

评价主体的多元化包括学生的自我评价、教师对学生的评价、学生互评和网络系统评价等。关于学生的自我评价，主要是看学生进行自我评价的态度和评价的及时性：教师对学生的评价分为可量化的内容和激励性的内容两部分：课堂表现、第二课堂活动表现、随堂测试、单元测试是可以量化的，对学生的口头评价、书面评语等则主要涉及学生的情感态度、学习策略等，起着警醒、建议或激励的作用。对于学生互评，首先教师要制定评价标准，严格控制，规范操作，避免流于形式，否则会起到消极作用。网络系统的评价具有客观性、时效性的优点。教师必须熟练掌握网络教学管理平台的操作，事先设定好系统评价的内容和权重。

（四）评价内容多元化

评价内容的多元化包括对学生智力因素的评价和非智力因素的评价。对智力因素的评价内容主要包括英语知识、英语应用能力和跨文化交际能力。对非智力因素的评价内容主要包括情感态度、学习策略和意志品格。以往的教学评价片面注重对学生学习效果的评价，特别是对英语知识掌握程度的评价，忽视对英语应用能力、跨文化交际能力的评价，更忽视对学生情感态度、学习策略和意志品格的评价。

（五）评价形式多元化

评价内容的多元化必然要求评价形式的多元化。形成性评价可以采取随堂测试、单元测试、计算机辅助的口语测试、听力测试、第二课堂英语竞赛、英语演出等方式对学生进行英语知识、应用能力、跨文化交际能力的评价。还可以采取电子档案式自我评价，教师口头、书面评语，教师对学生的阶段性建议等形式评价学生的情感态度、学习策略和意志品格。对学生非智力因素的评价也可以采用定性方法纳入评价范围。总结性评价一般通过期中和期末考试两次进行。主要关注的是考试内容的设计要体现对学生基础知识和综合应用能力的综合考核。

（六）评价手段智能化

评价手段智能化就是实施计算机辅助评价。计算机辅助评价（CAA）是科学的评价理念与现代教育技术相结合的产物，在实际的教学应用中就是利用大学英语网络化教学平台的评价功能模块，设置评价的内容及权重，自动统计每一次评价的结

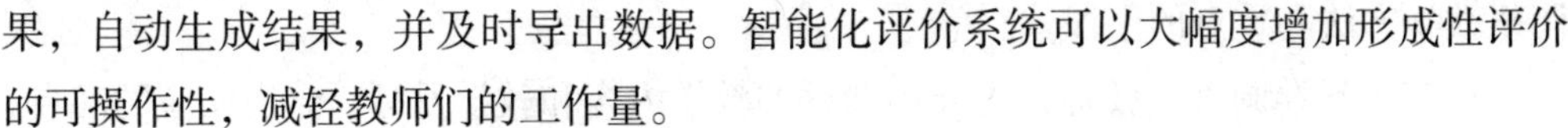

果，自动生成结果，并及时导出数据。智能化评价系统可以大幅度增加形成性评价的可操作性，减轻教师们的工作量。

大学英语课程评价涵盖了课程体系的方方面面。大学英语教学管理者、专家、师生要积极参与评价活动，综合运用多种评价方法和手段，做好内部评价、外部评价、形成性评价工作。通过总结性评价、定量评价和定性评价的关系，实现评价对课程开发的促进作用。

三、大学英语教学多元评价体系的构建

（一）建立新型的大学英语评价体系

我们应该根据本校学生特点，对评价的各个观测点予以描述和完善，组织师生学习评价体系，让学生和教师了解评价体系，参与到评价体系工作中来。

（二）制定大学英语评价相关制度，保障评价工作的开展

要定期对评价内容进行检查和评价，增强评价的及时性。定期召开相关研讨会，总结优缺点，及时修改调整评价内容及各项参数、比例等，充分发挥形成性评价的调整、信息和反馈作用。

（三）确定评价内容，统一评价标准

第一，课堂表现。课堂表现包括学生的学习态度、教学参与、学习表现等方面。学习态度主要体现在学生的出勤率和作业完成情况；教学参与是指学生在课堂上的积极性，如积极思考、答题、小组讨论、合作精神、提问和解决问题等；学习成绩包括学生在学习过程中能力的提高。在课堂表现的评价中，教师要根据学生的实际英语能力和水平，适当调整和设计问题和任务的难度。然而，在大学英语教学中评价课堂表现也很困难。例如，在大学英语教学班人数量众多的情况下，教师无法在有限的课堂时间内照顾和记录所有学生的表现。在这种情况下，教师需要提高班级管理水平，采用适当的教学方法激发学生的学习积极性，同时通过小组或团队学习等方式提高管理效率。

第二，测试。测试包括单元测试、写作测试、期中测试和自测。单元测试是对所学单元的综合测验，包括词汇、翻译、理解等。写作测试侧重于培养学生的语言输出能力和思想表达能力。自主测试是指学生在课后利用网络或自学系统完成老师指定的测试内容，给出分数。测试的主要目的是定期反馈学生的学习情况，帮助学生查漏补缺，及时解决存在的问题。这也是一种了解学生学习情况，帮助教师及时

调整教学方法和重点的手段。

第三，问卷调查。教师首先介绍课程的教学内容和教学目标，分配相应的问卷，设计相关问题，了解学生的学习态度、学习目标、学习难点和对课程的期望。通过问卷调查调整教学的重点和难点，有计划有目的地提高学习兴趣和动力，了解学生的个性化学习需求，并有针对性地对其进行指导，使学生在教学过程中得到真正的提高。

第四，辅导答疑。辅导答疑是教学过程中的一项常规工作，但辅导答疑往往成为大学英语教学的一种形式。学生不能提问，也不想提问，老师不主动干预，究其原因，在于师生之间缺乏情感交流，或者学生只是一味地接受老师教的信息，很少进行更深层次的思考，缺乏批判性思维意识。教师可以为学生建立辅导答疑记录，根据学生提问的深度和自我发展与提高的相关性进行评分，作为形成性评价的观察点。这不仅鼓励学生多思考，也让教师掌握学生的学习情况，提高对重点和难点的把握，达到教与学的目的。

（四）全方位多层次评价

大学英语课程的评价涉及专家机构、教学管理部门、课程支持平台专家、教师、学生以及学校各部门。我们可以定期组织各级专家对大学英语课程进行审核和指导；教学管理部负责根据上述评价标准制定评价指标体系，并组织实施评价；课程支持平台专家为在线教学评价提供强有力的技术支持，使评价充分利用课程平台，与教学深度融合，更有效地反馈和促进在线教学；教师和学生是大学英语课程评价的主体，应积极主动参与评价活动，包括教师或学生在教学过程中的自评、互评以及反思；评价活动还应积极听取大学英语所服务院系的反馈，以指导课程的建设和发展。

（五）建立学习活动的动态监控评价系统

学习是一个动态的过程。学习动态监测与评价体系的构建可以基于档案袋评价的理论基础。档案袋评价是指在一定过程中为达到一定目的而收集的相关信息的有组织的展示。电子学习档案可以记录学生的在线自学过程。电子学习档案袋包括以下内容：教师和学习者共同设计的总体目标和阶段目标、实时交流窗口的评价和问答聊天记录、自测成绩记录、上传的书面作业、上传的学习行为。非网络环境、奖项情况等。电子学习档案的建立由教师和学生共同完成，每个电子档案只能由教师和学生自己管理。电子学习档案展示了学生在学习过程中取得的进步和成就。通过这个过程，学生增加了对自己的自豪感和自信心，也可以帮助教师观察学生所采用的学习策略。

（六）实施分层次发展性评价

教师要根据学生的实际英语水平对其进行分组，在课堂教学中进行分层教学，对不同层次的学生布置不同的任务和作业。充分考虑学生语言实际水平的高低，实行因材施教，对于不同水平的学生给于不同难度的体验式教学，新学内容后根据各组学生的智能水平设计相应难度的评价试卷进行测试评价，同时要以发展的眼光及时评价学生的学习优点和闪光点，鼓励学生积极学习。将学生在每学期英语学习过程中取得的成绩、学期期末成绩及其大学英语四级考试成绩加以对比，对学生在不同学习阶段学习的英语的进步程度进行评价。

大学英语教学评价体系的完善是一个不断创新、不断发展的过程。围绕大学英语教学目标的实现，大学英语教学评价体系应发挥重要作用。评价的完成，离不开教学管理者的顶层设计、教师的监督和执行、学生的严格遵守。它不仅仅是简单的考试和评估，更多的是对教学过程和教学环节的监控、示范和改进。在评价体系中，只有形成性评价和终结性评价有机结合，才能有效、客观地评价学习者的学习和教师的教学。通过两者的结合，充分体现教学过程中存在的问题，达到教、学、管的促进，在教学过程中充分发挥学生的主动性和创造性，培养学生学习大学英语的兴趣，纠正学习态度，提高学习自信心，通过学习反思，形成自己的学习习惯和学习模式，与教师共同完成大学英语教学目标。

第九章 大学英语课程思政建设路径探究与实践

党的十九大报告明确提出，新时代教育的方向和目标是培养德、智、体、美、劳全面发展的社会主义建设者和接班人。“课程思想政治教育”作为高校思想政治教育的重要载体，是落实高校立德树人根本任务的创新理念和实践创新。也是高校推进课堂教学改革、提高课程教育质量的有效途径。“课程思政”既能满足“立体教育”的要求和“大思政”工作格局的需要，也有助于社会主义高校人才培养目标的实现。“课程理念”是推进课堂教学改革的重要抓手，是提高教育质量的有效途径。

在2019年学校思想政治理论课教师座谈会上，习近平总书记提出：要解决好培养什么人、怎样培养人、为谁培养人这个根本问题，高校必须坚持人才培养的中心环节。把思想政治工作贯穿教育教学全过程，实现全员育人、全程育人、全员育人。要想办好思想政治理论课，就必须推进各门课程的协同育人。更需要在传统思想政治理论课的基础上，挖掘和发挥其他类型课程所包含的价值导向和德育功能，推动各类课程的发展。课程与思想政治教育相结合，着力推进“课程思想政治”建设，实现高校各类课程与思想政治理论课的协同。2020年，习近平总书记在全国高校思想政治工作会议上强调，“思想政治工作要贯穿教育教学全过程”。

除思想政治理论课外，其他各门课程也要加强思想引领，所有学科的教师都应发挥好育人的作用。践行课程思政，贯彻落实习近平重要讲话精神，既是提高思想政治理论课的教学效果、提升思想政治工作质量的重要保证，也是培养时代新人的内在需要。

思想政治课程作为一种创新的教育模式，是在创新教育理念、改进教学方法的基础上，全面提高高校思想政治工作质量和教育实效的重要教育教学改革。目前大部分高校都在积极推进“课程思政”建设，一方面各高校陆续开设出了“中国系列”课程，另一方面大力探索在通识课程及专业课程中践行课程思政理念的有效模式，有的高校开始探索专业思政育人模式，取得了一些成绩和经验。

但与此同时，作为一个系统工程，无论是“课程思政”还是“专业思政”，在实施理念或在行动路径上，都还存在着一些问题需要更多的思考。因此，对“课程思政”实施的理念与路径进行研究具有重要意义。

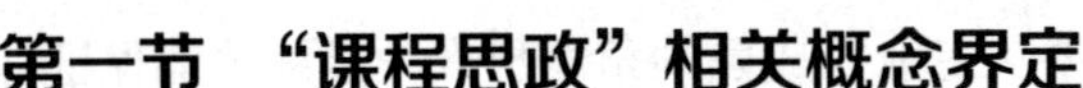

第一节　“课程思政”相关概念界定

一、“课程思政”的内涵

“课程思政”由“课程”和“思政”两个词语组成，可理解为“课程思想教育”。即借助课程来渗透思想政治教育的实践活动，或者是将思想政治教育元素融入课程的实践活动，是高校人才培养的教育理念。“课程思政”指以构建全员、全程、全课程育人格局的形式将各类课程与思想政治理论课同向同行，形成协同效应，把立德树人作为教育的根本任务的一种综合教育理念。实施“课程思政”的过程中以学生的成长成才为目标，让高校内的所有课程都在育人中发挥作用，让所有教师都在育人中承担职责，让所有课堂都成为育人的主渠道。进一步可理解为：课程思政是在马克思主义基本理论观点方法的指导下，将高校思想政治教育融入课程教学的每个环节，形成全方位、多角度的立体化课程体系。

大学英语课程思政，即大学英语课程教师在教学中将思政教育融入大学英语教学的方方面面。在教学中，大学英语教师应积极深入挖掘大学英语课程潜在的思想政治教育资源，在传授英语知识和技能的同时，积极引导大学生加强道德修养和政治思想建设。

二、“课程思政”的特征

“课程思政”具有整体性。“课程思政”在“大思政”环境背景下，动员包括高校管理者以及教师在内的全员参与，其实施的核心是：全部课程有思政，教师全员育人，所有课堂都是育人主渠道。从而形成教书与育人一体的课程理念。

“课程思政”具有创造性。“课程思政”在高校的课程建设中，围绕着“知识传授与价值引领互相融合”的课程目标，既有采用直接教化教育的方式，发挥价值导向作用；也有使用内隐渗透教育的方法，通过乐趣进行教育，通过文学进行教育，通过理性进行教育。其最大特点是能够内化显性教育的功能，实现由“思政课程”到“课程思政”的创造性转变，实现德育思想政治教育的目标。

“课程思政”具有融合性。相较于传统单一、集中于思想政治理论课的点、线教育而言，“课程思政”更加注重课程设置的系统性。从教育系统内部来看，就是落实立德树人的理念和实践创新，把社会主义核心价值观的要求融合到教育体系当中，渗透到高校教育教学的全过程。在高校日常管理之中要求更明确、行为更规范，在学习其他知识的同时潜移默化达到了思想政治教育的目的。

“课程思政”是一个系统工程，涉及多个方面，所以对于课程思政的设计、实施以及评价，都需要从专业、成熟的角度出发，最终才能保证课程思政的效果。从当前“课程思政”工作的推进现状来看,“课程思政”的推进有不少困难,“课程思政”的设计和内容的选择、课程思政的教学评价，课程的优化等等，还需要教师们认真去探索和研究,结合实际,借鉴他人的好的经验,达到提升“课程思政”的建设成效。

第二节　大学英语“课程思政”的实施路径探究

一、大学英语“课程思政”实施的依据

《新指南》规定，大学英语课程有利于培养和储备一大批具有全球视野、国际意识和跨文化交际能力、通晓国际规则、精通国际谈判的人才。参与全球治理的义务和能力，推动构建人类命运共同体，提供充足的高素质人力资源。这就为大学英语课程的教学提出了“培养谁、为谁培养”的根本问题。大学英语需要在课程建设、教材编写、教学实施等各个环节充分挖掘其思想情感资源，丰富其人文内涵，实现工具性与人文性的有机统一。

大学英语教学要融入学校“课程思政”教学体系，在落实高校立德树人根本任务中发挥重要作用。各高校要鼓励教师不断探索实践，丰富课程内容，帮助学生增强创新精神、创业意识、家国情怀、中西文化融合能力，提高思想道德水平。提高道德修养、人文素质、科学精神、宪法和法治意识、国家安全意识和认知能力。课程要围绕立德育人根本任务，将课程思想政治理念和内容有机融入课程。标准一流课程建设的要求体现了课程的高水平、创新性和挑战性。这再次告诉我们如何培养人。

在教材的选用上，要自觉将社会主义核心价值观与中华优秀传统文化相结合，引导学生树立正确的世界观、人生观和价值观；立足中国，面向世界，开阔视野，取长补短，用好大学英语课程的优势，及时反映世界科技的新发展，吸收和借鉴优秀的中外文化最新成果。人类文明的成就，为培养具有前瞻性和国际视野的人才提供有力支撑。大学英语教学要使用国家级规划教材等优秀教材，积极推进大学英语教材建设。高校还应注意教学参考资料的选择或编制，特别是从丰富的网络资源中选择与课程密切相关的优质教学资源。教材参考资料的选择应注意其思想性、权威性和相关性，并兼顾扩展性和多媒体功能。

“课程思政”实施的行动路径从“思政课程”到“课程思政”的建设和改革是一个需要持续摸索、深化和健全的系统工程。因此，就需要多方面在建设过程中不断健全完善自身并适应新环境,从而树立“课程思政”的“大工程观”。大学英语“课

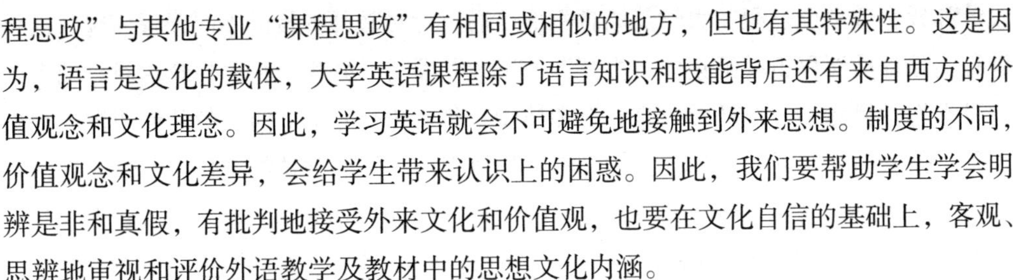
程思政”与其他专业“课程思政”有相同或相似的地方，但也有其特殊性。这是因为，语言是文化的载体，大学英语课程除了语言知识和技能背后还有来自西方的价值观念和文化理念。因此，学习英语就会不可避免地接触到外来思想。制度的不同，价值观念和文化差异，会给学生带来认识上的困惑。因此，我们要帮助学生学会明辨是非和真假，有批判地接受外来文化和价值观，也要在文化自信的基础上，客观、思辨地审视和评价外语教学及教材中的思想文化内涵。

二、大学英语课程思政建设路径

结合新时代背景、课程思政的内涵及课程思政实施的依据，我们认为，作为通识课程，大学英语课程思政建设可以从课程管理、教学模式、教师、学生和社会环境五大方面进行阐释，以探究大学英语课程思政有效路径。

（一）明确大学英语“课程思政”实施管理主体

大学英语教学部作为大学英语“课程思政”的第一责任单位，要加强主体责任意识，结合大学英语课程和教学部实际情况，制定确实可行的建设方案。组织大学英语教师认真学习有关文件，提高对“课程思政”的认识，确定“课程思政”建设目标、提升育人意识，这些都是“课程思政”实施科学与否的关键所在。还要充分发挥大学英语教学部教师党支部在“课程思政”建设中的坚强战斗堡垒作用，充分调动全体党员的积极性，与教学部教师形成合力，开创教书育人新机制、新局面。

（二）调整大学英语教学目标，挖掘大学英语课程思政内容

大学英语课程思政的实施，要树立知识传授与价值引导同频共振的教学观念；要充分挖掘体现社会主义核心价值的内容以及我国优秀的传统文化，要对大学英语课程进行新的设计和规划，调整修订完善课程教学大纲，梳理课堂教学所有环节，创新教学方式方法，丰富“课程思政”教学资源，完善课程配套实践教学，并改革课程考核方式方法，开展大学英语课程思政教学和改革建设，重构完善教学质量保障体系。这样，大学英语课程在育人方面就可以取得良好的效果。在教授语言知识的同时，教师还可以通过潜移默化的方式传输知识背后的思想、逻辑、精神、价值和人生哲学，有效地将正确的价值追求、理想和信念传递给学生。

（三）积极参与“课程思政”项目建设申报，拓展“课程思政”发展思路

各高校每年都通过立项资助建设一批思政建设项目，或设置“课程思政”教学改革专项，旨在在课程教学中落实立德树人根本任务，将思想价值引领贯穿教学内容

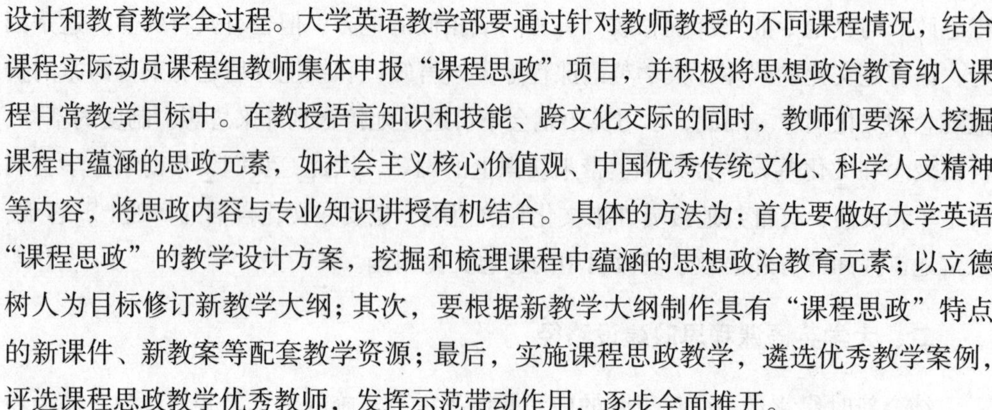

设计和教育教学全过程。大学英语教学部要通过针对教师教授的不同课程情况，结合课程实际动员课程组教师集体申报“课程思政”项目，并积极将思想政治教育纳入课程日常教学目标中。在教授语言知识和技能、跨文化交际的同时，教师们要深入挖掘课程中蕴涵的思政元素，如社会主义核心价值观、中国优秀传统文化、科学人文精神等内容，将思政内容与专业知识讲授有机结合。具体的方法为：首先要做好大学英语“课程思政”的教学设计方案，挖掘和梳理课程中蕴涵的思想政治教育元素；以立德树人为目标修订新教学大纲；其次，要根据新教学大纲制作具有“课程思政”特点的新课件、新教案等配套教学资源；最后，实施课程思政教学，遴选优秀教学案例，评选课程思政教学优秀教师，发挥示范带动作用，逐步全面推开。

（四）建设大学英语课程思政教学团队，扩大大学英语课程思政的影响力

各高校的大学英语课程均按照学分分为大学英语 I、大学英语 II 和大学英语 III 课程。各课程有各自的课程组。我们认为，可以以课程组为单位，组建大学英语“课程思政”教学团队。课程组组长为团队负责人，其余教师合理分工，同时可以请。本校马克思主义学院思想政治理论课教师参与“课程思政”建设，做“课程思政”建设的共建人，定期开展大学英语“课程思政”集体备课和观摩、交流研讨、主题实践等活动，从而指导和帮助大学英语教师深挖课程中蕴含的思想政治元素，形成具有特色且成熟的大学英语“课程思政”教学经验，形成大学英语“课程思政”的典型案例，并将优秀的案例进行交流并加以推广，最终形成比较完备的“课程思政”课程体系。

（五）充分利用网络平台，开展大学英语“课程思政”多模态教学模式

信息技术的快速发展，资讯日新月异，我们要充分利用信息技术，构建“互联网＋教学”多模态大学英语思政教学模式，推进线上线下协同育人，整合线上即时具有思政元素的教育资源，并适时合理运用线上线下的教育手段，达到线上线下合力育人的最优效果。比如后疫情时代，我们要及时通过网络了解、关心和回应学生在学习、生活等方面的需求，特别要了解学生们的心理动态，教师再通过线下“课程思政”解决学生各种思想问题和实际问题。

（六）适当调整大学英语课程教材内容，增加中国优秀传统文化元素

大学英语课程教材是“课程思政”的重要内容，也是课堂教学的依据，是育人育才的重要依托。大学英语课程的课文大部分内容选自国外期刊杂志，课文传达的思想内涵源于不同的文化背景，甚至代表不同的政治立场。因此，我们在大学英语课堂上，要选择思想健康、语言规范、形式多样的语言教材作为输入（视听、阅读）材料，并

且可以教学设计，有机融入中国优秀传统文化，培养学生的批判性思维、爱国情怀、文化自信等品质，以多种呈现方式服务于学生的个性化学习需求。

（七）加强师资队伍教育培训，提升教师的专业素养

大学英语“课程思政”的建设的成败关键在于教师。加强大学英语“课程思政”建设必须拥有一支能够理解“课程思政”意义和其重要性并有能力在实践中实施“课程思政”的外语教师队伍。教师作为道德引领的重要群体,本身也是很好的教育素材。当教师的言谈举止得体，判断事物恰当，坚持科学引导时，对学生亦是很好的引导。当教师充满激情，对美好生活有着美好的向往时，对学生亦是一种无形的影响和感染。加强师资队伍教育培训,特别是要加强对“培养什么人、怎样培养人、为谁培养人”正确引导，只有充分认识到“课程思政”的重要性，教师们才会积极进行大学英语课程探索，深挖大学英语课程诚实守信、心理健康、创新精神、生态道德、科学素养、生态文明和工匠精神等教育元素,践行文化自信,才能更好向世界讲述中国故事,让世界了解中国，推动中国文化走出去，更加深刻地理解构建人类命运共同体的意义。外语教师一旦了解“课程思想”的重要性,知道从哪里开始探索问题,理解“课程思政”与思政课的有机联系，就可以努力探索外语课的思政要素，不会有肤浅的“标签”现象，专业课和思政课不会被视为“两张皮”。因此，我们可以通过建立大学英语教师发展中心、教师学术沙龙、教学工作坊等方式，为教师们创造更多交流、分享的平台，形成全方位、多层次教师培训与发展体系。

（八）提高大学英语“课程思政”考核比例，完善大学英语课程评价体系

教学评价在整个教育过程中起着指导作用。首先，大学英语课程的评价应注重教学内容的价值取向，遵循学生在学习过程中的独特体验。其次，要重视对师生的评价，以及对大学英语课程所在院系的评价。《新指南》指出，教师和学生是大学英语课程评价的主体，应积极参与评价活动，包括教师或学生在教学过程中的自我评价、互评和反思；评价活动中还应积极听取大学英语开设的所在院系的反馈意见，指导课程建设和发展。评价的内容应从管理手段、主体职责、资源分类、合作状况和教学效果等方面入手，根据管理过程和大学英语课程的实际情况进行评价。在评价方法中，我们应确保评估过程的科学公平，并尝试创新多元评估发展模式。在实践中，可以把教师参与课程思想政治建设和教学效果作为评价教师教学的重要内容，看教师是否充分利用了教学内容中的显性思想政治资源，隐藏的思想政治因素是否被挖掘、提炼和总结，这些资源和因素是否在教学中得到合理有效的利用？我们还可以将大学“课程思政”管理主体进行“自上而下”评估和以学生为对象的“自下而上”评估相结合，实现大学英语课程思政的多元评价。

第三节 大学英语“课程思政”教学案例（以新视野大学英语Ⅰ读写教程第一单元为例）

授课题目（章节或主题）：
Unit 1 Text A：Towards a brighter future for all

本次课的教学目标

1. 知识目标

了解与大学教育相关话题有关的词汇、短语、句型表达法；

了解文章脉络分析方法；

了解由主题句和细节支撑构成的段落写作方法。

2. 能力目标

能掌握由主题句和细节支撑构成的段落写作方法，并完成相关主题写作；

能熟练阅读文章，理清文章脉络，掌握文章主旨；

能掌握表达大学教育相关的听力技巧。

3. 素质目标

通过聚焦“大学新生入学”相关话题学习，培养学生交际能力和思辨性思维；

通过西方价值观、中国古籍《礼记·大学》和习近平总书记对青年学生的寄语等学习，帮助学生树立正确的学习观，培养学习兴趣，拓展知识结构；

通过孔子儒家文化学习，培养学生中华优秀传统文化底蕴，增强文化自信，厚植爱国情怀。

教学重点、难点、思政内容融入点：

1. 教学重点

The topic of college education（Education is simply the soul of the society as it passes from one generation to another. The college students will not only find many opportunities, but also will carry many responsibilities.）;

The reading skill of finding the key ideas in sentences；

Some typical features of an argumentative essay.

2. 教学难点

Writing skills：Topic sentence（Statement） → Specific details（as supports） → Conclusion（Restatement）;

Writing a paragraph of Introduction-body-conclusion pattern.

3. 思政内容融入点

（1）介绍职业教育和高等教育的培养目标，让学生认识大学教育的特殊意义；

（2）西方价值观对大学社会价值的理解；

（3）中国古代经典《礼记·大学》提及的大学意义；

（4）习总书记对青年的寄语，新时代青年素养；

（5）思辨：西方人认为儒家思想是中国的宗教。

教学方法与手段：

提问和问答法、讨论法、讲授法、任务驱动法、练习法等。

教学环节	教学 过程	设计理念
Time arrangement	Lead in（15 minutes） Discussion and presentation（30 minutes） Text analysis（90 minutes） Language points learning（80 minutes） CET4 preparation（40 minutes） Exercises checking（80 minutes） Writing and reading skills（25 minutes）	8 学时具体时间分配
Lead in 主题内涵铺陈	You are now here in the university, starting a new life. What's the significance of the university education？ Let's see some Western & Chinese classic thoughts. 1. 西方观点：（from William James 美国心理学家、哲学家） 职业教育 Business or technical or professional schools： At the "schools" you get a relatively narrow practical skill. 在职业"院校"你掌握的是相对狭窄的实用技能。 You are made into an efficient instrument for doing a definite thing at the schools. 职业院校能让你成为完成特定事项的工具。 高等教育 A college education should help you to know a good man when you see him. 帮助你在遇见闲达时能有识人之明。 The college education is called higher education because it supposed to be so general and so disinterested. 大学之所以叫高等教育，是因为其通识与非功利性。 Although they may leave you less efficient for this or that practical task, the universities and colleges suffuse your whole mentality with something more important than skill. They redeem you，make you well-bred；they make 'good company" of you mentally. 大学或学院可能让你在应对这种或那种实用任务时没那么熟练，但却向你的整个头脑注入比技能更重要的东西。他们重新塑造你，让你拥有良好的修养；培养你的心智，让你成为思想上的"知音"。	真实问题驱动
	2. 中国国学经典中的观点：（from《礼记·大学》） 大学之道在明明德，在亲民，在止于至善。 Great learning aims to foster moral integrity, forge close ties with the people and attain consummate virtue in both words and deeds. （注释：大学的宗旨彰显自身的光明之德，在于亲爱民众，直到至善的境界。仁者爱人是明明德的途径，而明明德的终极完成便是止于至善。明明德和修身是一回事。古之欲明明德于天下者，先治其国；欲治其国者，先齐其家；欲齐其家者，先修其身；欲正其身者，先诚其意；欲诚其意者，先致其知；致知在格物。）	对比讨论中西方大学教育观点，树立正确价值观

续表

教学环节	教学　过程	设计理念
	3. 习近平2014年五四青年节在北京大学师生座谈会上的讲话： “青年的价值取向决定了未来整个社会价值取向，而青年又处在价值观形成和确定的时期，抓好这一时期的价值观养成十分重要。这就像穿衣扣扣子一样，如果第一粒扣子扣错了，剩余的扣子都会扣错。人生的扣子从一开始就要扣好。 Your value orientation will decide the values of the whole of society in the years to come. Besides, young people are at the time of life when they form and establish their values. It is therefore very important to offer some guidance. That reminds me of something that happens in our daily life. When we button up our coat, we may inadvertently put the first button in the wrong button hole, and that will result in all the other buttons being put in the wrong holes. That’s why we say that young people should button right in the early days of their life. 课程思政融入点： 对比中外对大学学习的意义与目的的阐述和理解，帮助学生树立正确的学习观、价值观，扬帆起航开启人生的新篇章，使学生深化对大学教育的重要性、必要性的理解，促使学生为自己的大学生涯做出初步规划。 1. 了解西方职业教育与大学教育的不同，拓展学生知识结构； 2. 中国经典《礼记·大学》对大学意义的解释，增加学生民族文化自信； 3. 理解习近平讲青年价值观是社会价值观的引领，了解新时代青年应具备的素质。	头脑风暴视听讨论
Discussion 深入认识	课堂讨论： Brain storming： 1. 简短回答 Short Answer Question： （1）What advice did your parents give you before you left for college？ （2）Do you think the four-year college is life long or short？ Why？ 2. 看视频回答 Watch the video and answer the following questions： （1）What is a college like according to Zhang Ruizhe？ According to Miss Zhang, a college is a place where she can pursue her dreams. Quite different from high school which stifled her, the college hasan abundant life. For college students, admission into college means being closer to their dreams. Higher education is competence-oriented rather than score-oriented as stressed at high school. However, just as the example of Miss Zhang, only after extremely diligent study it is possible for one to be closer to his or her dreams. So college students must study hard to develop their abilities to realize their dreams, otherwise, they might take pleasure in a variety of activities, only to find they have gained nothing when graduation.	

续表

教学环节	教学　过程	设计理念
Discussion 深入认识	（2）What do you expect to gain in college？——为作文作业作准备 What I will gain in college is more than just professional knowledge. I will be taught to merge into society，to live independently and become a better person. President Xi Jinping noted that Chinese youth should make constant efforts to cultivate virtues and combine right moral senses with common practices. So what I experience in college will cultivate my mind and virtue and forge me into the pillar of the society with an international view and love for home and country.	
	3. Further Discussion & presentation：——为作文作业作准备 （1）What is the ideal university like in your eyes？ • Qualified professors • Nice living condition • Excellent conditions for teaching and learning • Pleasant academic atmosphere • Well-equipped library and abundant online resources… （2）My expectations of university life.（1 分钟口头作文） Ask some students to state their points of view 请同学上台发表观点	生讲生评
	4. 提示：学会列点说明，用好相关词句有逻辑地表达，如首先 first of all.；其次：secondly；再次：thirdly；最后：finally… 5. 新时代青年应有的素养和能力。 坚定理想信念，站稳人民立场，练就过硬本领，投身强国伟业。 ——习近平 2020 年五四青年节前夕寄语新时代青年 Hold firm convictions，stick to the people's stance and develop genuine skills to devote yourselves to the cause of building a great country. 看问题和短片，给出回答。讨论学习和教育的意义和重要性。学习关于激励青年最新的热词与表达。 课程思政融入： 1. 认识接受大学教育的重要性、必要性。帮助树立学生正确的学习观、价值观、道德观。 2. 增强青年的素质与本领，有助于中国梦的进程。 3. 讨论新生入学，应如何规划与安排学习、生活，并珍惜时光。 4. 学习国家对于激励青年最新的热词与表达。培育文化素养，塑造价值观，促进语言教学与铸魂育人有机融合。	时政热词热句拓展

续表

教学环节	教学 过程	设计理念
Text analysis：Towards a brighter future for all	1. Skimming and scanning Task：students are required to find the answers in the article of Ex.1 on Page 9. Later，they will be asked to report their answers. 2. Stylistic analysis Concerning the writing style，the students are guided to realize Text A is a public speech. They should know the whole text centers on a topic and concerning the topic the writer definitely has his main idea and attitude. Then concerning each part and each paragraph，the students are guided to discover that there generally is a topic sentence/statement supported by details（examples in particular in Text A）and a concluding sentence/statement 3. Have a general understanding of Text A （1）The teacher invites representatives of some groups to present group discussion results about the main idea and structure of text A. （2）The teacher helps students understand the main idea and structure of text A.	理解文章结构+核心思想总结+升华思政主题
	4. Detailed study of text A：Main idea and text structure Part 1：Opening part： （Para.1）The president congratulates college freshmen for entering a new phase in life. （Para.2）The president recalls an event when he graduated from high school. （Para.3）The president reminds students that their future success is built on a solid foundation of the past. Part 2：Advice: （Para.4）Make the best of what you have. （Para.5）Challenge yourself. （Para.6）Meet new experiences. （Para.7）Carry your responsibilities. Part 3：Concluding part: （Para.8）Students are called upon to cherish the opportunities，and to keep in mind their responsibilities.	
	5. What should we college students do ？ As freshmen and a new generation of youth，what should you do？ （1）君子曰：学不可以已。青，取之于蓝而青于蓝；冰，水为之而寒于水。木直中绳，輮以为轮，其曲中规；虽有槁暴，不复挺者，ru使之然也。故木受绳则直，金就砺则利，君子博学而日参省乎己，则知明而行无过矣。——《劝学》荀子 The gentleman says：Learning should never cease. Blue comes from the indigo plant but is bluer than the plant itself. Ice is made of water butit is colder than water ever is... If the gentleman studies widely and each day examines himself，his wisdom will become clear and his conduct wiube without fault.——Encouraging learning　Xun zi	嵌入思政，践行正确价值观

续表

教学环节	教学　过程	设计理念
Text analysis：Towards a brighter future for all	（2）Try not to be a man of success，but rather try to become a man of value. 与其努力成功，不如努力成为有价值的人。 —— Albert Einstein（American physicist） 阿尔伯特·爱因斯坦（美国物理学家） Let's see what President Xi says to the youth. 新时代青年应有的素质是什么？ （1）习总书记在信中写道，“这场抗击新冠肺炎疫情的严峻斗争，让你们这届高校毕业生经受了磨练、收获了成长，也使你们切身体会到了‘志不求易者成，事不避难者进’的道理。前进的道路从不会一帆风顺，实现中华民族伟大复兴的中国梦需要一代一代青年矢志奋斗。同学们生逢其时、肩负重任。希望全国广大高校毕业生志存高远、脚踏实地，不畏艰难险阻，勇担时代使命，把个人的理想追求融入党和国家事业之中，为党、为祖国、为人民多作贡献。” He pointed out that college graduates this year have learned a lot from the arduous fight against the COVID-19 epidemic. “There will be ups and downs along the road ahead，and the great rejuvenation of the Chinese nation can only be achieved through the hard work of generations of youth，” Xi said. Xi encouraged college graduates to aim high，be down-to-earth，brave difficulties and obstacles，shoulder the mission of the times，integrate their pursuit of ideals into the cause of the Party and the country，and make more contributions. —— 2020 年 7 月 7 日，给中国石油大学（北京）克拉玛依校区毕业生的回信 （2）广大青年一定要练就过硬本领。学习是成长进步的阶梯，实践是提高本领的途径。青年的素质和本领直接影响着实现中国梦的进程。 The youth must refine their professional skills. Study is the ladder of progress and practice is the way to improve capability. Quality and capability of the youth are directly linked to the course of realizing the Chinese Dream. ——2013 年 5 月 4 日，习近平在同各界优秀青年代表座谈时的讲话 （3）青年在成长和奋斗中，会收获成功和喜悦，也会面临困难和压力。要正确对待一时的成败得失，处优而不养尊，受挫而不短志，使顺境逆境都成为人生的财富而不是人生的包袱。 During one's growth and endeavor，the young may gain success and joy，but may also face difficulties and pressure. One should treat the success and failure at the moment with a correct attitude，not slack in prosperity and not lose faith in adversity. One should consider both the success and failure as wealth in life instead of burdens.	嵌入思政，践行正确价值观

续表

教学环节	教学 过程	设计理念
	——2017年5月3日，习近平到中国政法大学考察并发表重要讲话 "课程思政"融入： 通过学习文章，号召学生把握大学学习的机会，志存高远、脚踏实地，响应国家的召唤，勇担时代的使命，响应时代的召唤。实现自我价值，为实现中华民族伟大复兴的中国梦而奋斗。 通过学习中西方关于学习意义的名言与阐述，并结合习主席的相关讲话，将时政特色与文化底蕴相结合，引导学生克服困难，树立正确的学习观，培育文化素养，塑造价值观。	
Functional pattern leaning	Learn some Functional Patterns in text A and put them into practices： （1）As …, sb. is proud /happy/ sorry /sad… to do sth. （2）In doing sth，sb. is reminded of sth. （3）If sb. could give sb. else only one piece of advice about…，it would be this：Do sth.！ （4）A wonderful example of this is sb. who…/ sth. That Translation practices： （1）As a new year begins，everything takes on a new look，and it gives me great pleasure to visit the United Nations Office at Geneva and discuss with you the building of a community of shared future for mankind，which is the call of our time. 一元复始，万象更新。很高兴在新年伊始就来到联合国日内瓦总部，同大家一起探讨构建人类命运共同体这一时代命题。 （2）As the global economy has resumed growth，I am reminded that more than 700 million people are still living in hunger；tens of millions of people are displaced and become refugees；so many people，including innocent children，are killed in conflicts. 随着世界经济重新恢复增长，我也想到，全球7亿多人口还在忍饥挨饿，数以千万的难民颠沛流离，无数民众包括无辜的孩子丧身炮火。	句型结构学习
	（3）If I could give you only one piece of advice about how to cope with the college challenges，it would be this：Believe in yourself！ 如果让我给你一条如何应对大学挑战的建议，那就是：相信自己！ （4）Xiamen's success is a good example demonstrating the perseverance of the 1.3 billion-plus Chinese people. 厦门这座城市的成功实践，折射着13亿多中国人民自强不息的奋斗史。 "课程思政"融入： 利用练习课文句式结构，做含有正确价值观的或与时事相关的翻译练习。通过这些中文句子，希望能点燃学生心中思想的火花。因为思政是润物细无声，潜移默化地融入。	练习句型结构+升华思政观点

续表

教学环节	教学 过程	设计理念
Vocabulary learning	Vocabulary study：Triumph，pledge，reminder，attain，faculty，pursue，passion，reap，overwhelm，assume，Emerge，unsuspected，outweigh，glow，yield，Inherit，Transmit，acquire： Phrases and expressions study：get by，reap the benefits（of sth.），to feel overwhelmed by，stand a chance（of doing sth.），Open the door to sth，take great pleasure in doing sth. 1. Overwhelm：使〔某人〕感到不能自持，使不知所措，使无法解决，使应接不暇，压垮 Grief overwhelmed me. 我悲痛不已。 We were overwhelmed by the number of applications. 申请多得让我们应接不暇。 The refugees were overwhelmed by the landslide. 山体滑坡让难民不知所措。 Outweigh：比……重；比……重要；超过，多于 这项新政策利大于弊。 The benefits of the new policy outweigh the disadvantages. The gain is outweighed by the loss. 得不偿失。 2. progress：n.\v. 进步；进展；进行；追求 He has made rapid and brilliant progress in his studies. 他在学业上有着迅速而突出的进步。 The police are disappointed by the slow progress of the investigation. 警方对调查进度缓慢感到失望。 Advancement：进步，进展，晋升，升职 career advancement 职业发展 advancements in science 科学进步 妇女地位的提升 the advancement of the status of women 该公司内部有足够的晋升空间。 There is plenty of room for personal advancement within the company. .3. make the most of 充分利用 I often read books or listen to music in order to make the most of my time on the way to work. 为了充分利用上班路上的时间，我常常会看看书或听听音乐。 reap the benefits of 得享……的好处 Many countries want to reap the benefits of the tourism boom. 很多国家想得到旅游人数暴增带来的好处。 4. in advance 提前 In order to make sure he would be able to attend the meeting，I called him up 2 weeks in advance.	知识点理论回塑

续表

教学环节	教学　过程	设计理念
	为了确定他是否能来参加会议，我提前两周给他打了电话 If there is any change about the time of the meeting, please notify us in advance. 开会时间如有变，请提前告诉我们。 Stand a chance of doing sth. 有做……的希望 Our football team should stand the chance of winning the game. 我们的足球有望赢得比赛。 5. reward: 1)vt.give sth. in return for good and valuable doings 报答，酬谢，奖励 The father rewarded the little boy for cleaning the room. 小男孩因为打扫了房间而受到父亲的奖励。 最终他的努力得到了回报。 Finally, his hard work was rewarded. 2) n. sth. as a return for good and valuable doings 报答，奖赏（名词） 得到了一笔奖金 receive a reward Rewarding : adj. satisfying and worthwhile 受益匪浅的，有益的，值得的 Reading can be very rewarding for everyone. 阅读对每个人都有莫大的益处。 An rewarding experience 极有意义的经历 6. enthusiasm for : 热心，热忱，热情，热爱的事物 Anything can be achieved if you have enthusiasm for it. 所有的事情都是可以做到的，只要你对它有热情。 他充满热情地为该公司服务 He works for this company with great enthusiasm. Passion for : strong emotion 非常喜欢的事物 / 爱好，热情，强烈的情感 He often does everything with great passion. 他做任何事总是充满热情。	
	其余可与思政结合的词与短语例句： 1. China's development does not pose a threat to any other country. No matter what stage of development it reaches, China will never seek hegemony or engage in expansion. 中国的发展不对任何国家构成威胁。中国无论发展到什么程度，永远不称霸，永远不搞扩张。 2. There is a fundamental improvement in the environment ; the goal of building a Beautiful China is basically attained. 生态环境根本好转，美丽中国目标基本实现。	结合时政热词热句与思政主题

续表

教学环节	教学 过程	设计理念
	3. In the first stage from 2020 to 2035, we will build on the foundation created by the moderately prosperous society with a further 15 years of hard work to see that socialist modernization is basically realized. 第一个阶段，从二〇二〇年到二〇三五年，在全面建成小康社会的基础上，再奋斗十五年，基本实现社会主义现代化。 4. We must realize that lucid waters and lush mountains are invaluable assets and act on this understanding, implement our fundamental national policy of conserving resources and protecting the environment, and cherish the environment as we cherish our own lives. 必须树立和践行绿水青山就是金山银山的理念，坚持节约资源和保护环境的基本国策，像对待生命一样对待生态环境。 5. We will uphold justice while pursuing shared interests, and will foster new thinking on common, comprehensive, cooperative, and sustainable security. 坚持正确义利观，树立共同、综合、合作、可持续的新安全观。 课程思政融入： 通过相关词汇举例潜移默化渗透思政知识点，通过词汇搭配，图片展示，相关政治热点或社会热点，构建大学教育、学习意义、学习生涯规划等语言的表达，丰富词汇，达到高效记忆的效果。	
CET4 preparation	Melt the following parts of content into the teaching program. Spend 10-15 minutes each time to instruct some additional content. 每次课利用 10 ~ 15 分钟融入以下框架内容，具体内容根据班级情况自定。 目的：打好基础，提升能力 1. Learn some important basic grammar knowledge. (10 minutes)——第 1 次课 2. Learn more of the important basic grammar knowledge. (10 minutes)——第 2 次课 3. Learn more of the important basic grammar knowledge (10 minutes)——第 3 次课 4. Analyze the structure of a piece of news report. (10 minutes)——第 4 次课	知识点拓展：打好基础、提升能力
Exercises	1. Check the answers to the exercises on the book 在第 11 题翻译练习中培养学生用英文对孔子和儒家文化进行阐述，为中国文化的有效输出打好基础。 树立学生对中国传统文化的文化自信，深化学生对儒家文化的认识以及对儒家思想内涵的理解。帮助学生深刻理解新时期使命格局，将时政特色与文化底蕴相结合，厚植爱国情怀。	

续表

教学环节	教学 过程	设计理念
Exercises	练习内容： 孔子是中国历史上著名的思想家、教育家，是儒家学派的创始人，被尊称为古代的“圣人”。他的言论和生平活动记录在《论语》一书中。《论语》是中国古代文化的经典著作，对后来历代的思想家、文学家、政治家产生了很大影响。不研究《论语》，就不能真正把握中国几千年的传统文化。 孔子的许多思想，特别是他的教育思想，对中国社会产生了深远的影响。进入21世纪的今天，孔子的学说不仅为中国人所重视，也为整个国际社会所重视。 Confucius is a great thinker and educator in Chinese history. He is the founder of Confucianism and is revered as the ancient “sage”. His words and life deeds are recorded in “The Analects”. “The Analects of Confucius” is an enduring classic of ancient Chinese culture, which has had a huge impact on thinkers, writers and politicians after Confucius. Without studying this book, one could hardly truly understand the thousands-of-years’ traditional Chinese culture. Much of Confucius’ thoughts, especially his thoughts on education, have had a profound influence on Chinese society. In the 21st century, Confucian thought not only retains the attention of the Chinese, but it also wins an increasing attention from the international community. 2. 思辨：一些西方人印象中儒家思想是中国宗教 Can Confucianism be considered as a religion？ Religion consists of superstitions, dogmas, rituals, and institutions. This is what I call religion. Confucianism cannot be considered a religion. It is ethics (Confucian ethics) that provided the spiritual basis in Chinese civilization. Philosophy is systematic, reflective thinking in life. When we think about knowledge or speak about knowledge, this thinking and speaking are themselves knowledge. Thinking on thinking is reflective thinking .— Aristotle 宗教包括迷信、教义、礼仪和体制。而儒家不是宗教，是伦理特别是儒家伦理，它是中国文化精神的基础。如:《大学》讲授修身、齐家、治国、平天下。 哲学是对人生的反思，并把自己的思想系统地表达出来。 当我们对知识进行思索或讨论时，这种思索和谈论的本身就是知识。关于思索的思索，就是反思。— 亚里士多德 “课程思政”融入： 1. 培养学生用英语对孔子和儒家文化进行阐述，提升学生语言应用能力，促进德行的涵养与品格的培育，加强中华优秀传统文化教育，让学生得到优秀品德和文化素养的熏陶，立德树人，育人育品。 2. 思辨：西方人观点：儒家思想是宗教。	语言翻译方法＋文化＋思政＋思辨融合

续表

教学环节	教学　过程	设计理念
Writing skills	Writing： Write an essay entitled Why go to college？ in at least 3 paragraphs following the outline given below . （1）为什么要上大学? （2）上大学的意义？从对个人、社会、国家等几方面的意义进行阐述（写几点，并举例证明） （3）总结 “课程思政”融入： 对教育意义认识的输出。	思政主题＋学生观点产出＋生生互评

第四节　“大学英语 II”课程思政示范课建设项目申报书摘要

1-1　**课程基本信息**					
课程名称	大学英语 II				
课程总学时	64	理论课时	48	实践课时	16
课程总学分	4	选用教材	新视野大学英语读写教程 2（第三版）		

2-1　**课程开设基本情况**
（本课程累计开设年限、授课对象、累计授课人数、课程教学效果、是否为校级、省级教改项目等） 大学英语是为我校非英语专业开设的一门必修公共基础课，也是我校一门重要的人文类通识教育必修课。至今已经开设 5 年，累计授课学生数 1.5 万人以上，教学效果良好。 长期以来，在大学英语教学中，大学英语课程更注重工具效用，侧重知识语言点的讲解，更多强调的是外语技能的掌握，未能突显其人文性。内容虽有结合课程思政内容，却未能成体系，深度亦有待提高。根据《大学英语课程教学指南》（2020）要求，大学英语课程应该服务于学校办学目标、院系人才培养目标和学生个性化发展需求。大学英语课程要体现以人为本，弘扬人的价值，注重人的综合素质培养和全面发展。大学英语课程应将社会主义核心价值观有机融入大学英语教学内容。大学英语需要在课程建设、教学实施等各个环节充分挖掘其思想和情感资源，丰富其人文内涵，实现工具性和人文性的有机统一。大学英语教学应融入学校“课程思政”教学体系，使之在高等学校落实立德树人根本任务中发挥重要作用。因此，大学英语教育应该转向更高的目标，增加品格提升即价值引领这一目标，培养学生树立正确的世界观、人生观和价值观。我们将重构大学英语 II 的教学体系，有层次有系统地促成大学英语 II 课程与思政的深度融合。

续表

2-1　课程开设基本情况
大学英语课程教改项目《基于提升学生运用能力的大学英语混合式教学改革》于 2019 年 7 月确定为省级重大教改项目，历经 2 年，大学英语教育教学改革试点顺利，取得预期成果；同时，大学英语 I 课程于 2020 年确定为校级课程思政示范建设项目，历时近 1 年，成效明显，为大学英语 II 参选 2021 年校级思政课程示范建设项目奠定了坚实的基础。

2-2　本课程开展“课程思政”改革试点所具备的优势
（从课程师资、课程特点以及本课程前期已开展的相关工作等方面进行阐述） 大学英语 II 课程示范建设项目主持人现为大学英语教学部的负责人，先后主持大学英语教改课题 4 项，其中省级重大一项，厅级 3 项，发表教学论文近 10 篇，还主持并组教师比赛团队参加 2020 年外研社“教学之星”大赛全国复赛获二等奖；多名团队成员曾在学院和省级教学大赛获奖，具有较强的教学能力。团队成员均参加过校级或校级以上的“课程思政”相关讲座；并在课程思政研讨会进行思政融合英语课堂的经验分享；学院也开展了思政融合英语的讲座和课堂教学示范；课程团队已经较好掌握了大学英语教学思政课程的新方法。 大学英语 II 课程示范建设课程由经验丰富的教师群体组成，有教授 1 名，副教授 4 人、讲师 7 人，申报教师团队结构较为合理。总体而言，团队教师均品行端正、爱岗敬业，专业知识扎实、教学经验丰富、具有正确的社会主义价值观、爱岗敬业，具有无私奉献精神。 大学英语 II 是为全校非英语专业的大一新生第二学期开设的一门公共必修课程。学习本课程的学生数多，学生正处在价值观形成的关键时期，且涉及专业广，影响面大，该课程是对青年学生进行社会主义正确的价值观、人生观、职业观等德育教育的重要抓手，也是课程思政的主阵地，对促进学生全面发展、服务中国文化对外传播方面起着非常重要的作用。大学英语 II 课程所使用的教材《新视野大学英语读写教程》2（第三版），内容主要涉及到当今社会、政治、经济、文化生活等主题，契合时代背景，具有较强的可读性和兴趣度。该教材是外语教学与研究出版社出版的本科国家级规划教材，思政内容和元素丰富，团队教师将结合每个单元主题，选取其中适当的切入点，把思政教育融入该教材的各个单元以及每个教学环节中，潜移默化不失时机地对学生进行思政教育，把知识传授、能力培养和思想素养提升融入课程，进行全员、全过程和全方位的课程思政教学。

3-1　课程目标
（含育人目标的课程教学目标） 1. 提高学生语言知识应用能力，增强学生跨文化交际意识和交际能力，同时发展学生自主学习能力，从而使学生在学习、生活和未来工作中能恰当有效地使用英语，满足国家、社会、学校和个人发展的需要。 2. 提高学生综合文化素养，培养学生人文精神和创新和思辨能力，教育学生继承和弘扬中华优秀传统文化，讲好中国故事，树立并践行社会主义核心价值观，帮助学生成为一个有理想有信念的青年。 3. 培养学生家国情怀和国际视野，增进对“人类命运共同体”的理解，培养学生合作学习能力，树立正确的人生观、价值观和世界观。

3-2　课程设计的理念与思路
课程设计理念： 1. 以《新视野大学英语读写教程》2（第三版）教材为抓手，以学期学习的每个单元内容为载体，挖掘各个单元思政元素，寻找单元适合的切入点，如阅读、写作、视听说、词汇习题、翻译等视角，确定 2 ～ 3 个甚至更多的切入点，融思政教育于各单元教学中； 2. 整合不同的教学方法，如讲授法、任务教学法、合作、讨论、项目活动等，并以产出为导向，通过实践并灵活运用，潜移默化地融入思政教育，因为教育不是讲授，而是把心点亮。 3. 以身作则，通过教师的言行示范和人格魅力，影响和感染学生积极向上，争做有理想、有道德、有文化、有纪律的青年。 课程设计思路： 1. 通过 warm-up 、Lead-in 等导入环节，提出几组中英文名言（和单元思政主题相关），学习思政主题的英文表达，进行与思政和文章主题相关的讨论或辩论。 2. 通过文章赏析，阐述文章中心思想，升华到核心思政主题，拓展和理解思政主题的内涵。 3. 通过部分合适单元的写作翻译训练，在讲解时，将文化知识和思政点相结合，拓展思政主题的延伸和学生的产出。（促进学生产出。 4. 重视思政过程教育，采用多元化教学评价。以学生电子档案，学习反思，师生互评等方式，开展问卷、访谈等方式及时了解学生思想动态，适时调整。

3-3　教学内容与安排

序号	教学内容概述	思政映射与融入点	教学方法	预期教学成效
1	Unit 1 Text A：An impressive English lesson 通过父子之间的对话，反映作者对英语教育的看法，从中了解学外语的策略；培养学生吃苦耐劳和脚踏实地的学习品质、良好的批判思维能力、团队协作能力和语言表达能力。	1. 主要教育学生脚踏实地努力学习，实干担当的优良品质和学习意义。 2. 中国古语讲：“不积跬步，无以至千里。”……让我们一步一个脚印推进实施，一点一滴抓出成果，造福世界，造福人民！ 3. 九层之台，起于累土。要把这个蓝图变为现实，必须不驰于空想、不骛于虚声，一步一个脚印，踏踏实实干好工作。 4. 为中华之崛起而读书。	讲授法、讨论法等	良好

续表

3-3 教学内容与安排				
2	Unit 2 Text A：The humanities：Out of date？ 通过学习，了解学习人文学科的意义以及人文交流的重要性；培养学生良好的人文素养和创新思维能力。	1. 教育学生认识到人文学科的重要性，并号召学生博览群书，提出能够体现中国立场、中国智慧、中国价值的理念、主张、方案。 2. 读史使人明智，读诗使人灵秀，数学使人周密，科学使人深刻，伦理学使人庄重，逻辑修辞之学使人善辩；凡有所学，皆成性格。 3. 青年有着大好机遇，关键是要迈稳步子、夯实根基、久久为功。心浮气躁，朝三暮四，学一门丢一门，干一行弃一行，无论为学还是创业，都是最忌讳的。	讲授法、讨论法等	良好
3	Unit 4 Text A：College sweethearts 通过课文学习，了解不同的约会方式以及大学谈恋爱的话题；培养学生良好的爱情观、批判思维能力、团队写作能力和语言表达能力。	1. 教育学生培养真挚而纯洁的爱情，相向而行。 2. 通过周恩来总理与邓颖超同志的恋爱与婚姻故事，学习他们“互爱、互敬、互勉、互助、互信、互谅、互让、互慰”的“八互”原则，陶冶学生爱情和婚姻观。 3. 引导青年正确认识世界，全面了解国情，把握时代大势。正确对待爱情与金钱的关系、男女平等观。	讲授法、讨论法等	良好

续表

3-3　教学内容与安排				
4	Unit 5 Text A：Spend or save-The student's dilemma 通过课文学习，了解大学生如何树立正确的消费和储蓄观念；帮助学生树立正确的消费观，培养学生良好的消费意识，自控能力、团队协作能力和创新思维能力。	教育学生形成良好的消费观，倡导勤俭节约的良好风气。理解绿色消费观。教育学生理性消费。 1. 倡导简约适度、绿色低碳的生活方式，反对奢侈浪费和不合理消费。 2. 绿色消费观有别于传统节俭、保守的消费观，是新时代文明、健康的消费观。大学生的消费观与消费行为是否理性，不仅关系到自身的健康成长和高校思想政治教育的效果，也对我国经济社会发展、生态文明建设等产生重要影响。	讲授法、讨论法等	良好
5	Unit 8 Text A：Animals or children？——A scientist's choice 通过学习，明确要以人为本，了解人与动物的关系；教育学生保护动物的多样性、人与动物的和谐；培养学生良好的观察能力和想象能力。	1. 教育学生明确以人为本的同时，要认识到人与动物的和谐相处以及生物多样性的重要。 2. 生物多样性关系人类福祉，是人类赖以生存和发展的重要基础。 3. 保护野生动物，保护人类自己。	讲授法、讨论法等	良好

4-1　工作计划和实施步骤
（为了顺利推进课程建设，在立项期内，具体的时间安排和详细步骤。） 2021.11 月申报立项，团队培训，任务分配，确定建设课程思政方案。 2021.12 月修订大学英语教学大纲，确定大学英语 II 各个单元的“课程思政”主题。 2022.1-4 月相继完成各个单元思政教案撰写，相关视频、图片和其他资料的收集、课件 PPT 的制作。 2022.3—7 月思政教学与实践，并在教学实践中，并不断改进完善思政教案和课件，完善教学相关内容 2022.6-10 月总结“课程思政”教学，收集学生的反馈与感悟，撰写“课程思政”总结和思政教学论文。 2022.11 月“课程思政”建设验收，提交“课程思政”建设结题材料。

4-2　成果形式及验收指标
（请根据申报通知中建设成果要求，逐条填写。） 1. 一份新修订的课程教学大纲 新教学大纲须确立知识传授、能力培养、价值塑造三位一体的课程目标，并结合课程教学内容实际，明确思想政治教育的融入点、教学方法和载体途径，以及如何评价德育渗透的教学成效。新教学大纲应在本课程原教学大纲基础上修订而成，注重思政教育与英语知识技能传授的有机衔接和融合。 2. 一套课程思政教案 根据上述新教学大纲撰写能体现课程与思政相融合的全新教案。 4. 典型“课程思政”案例 整理 3 ~ 5 个包含设计方案与实施成果的“课程思政”改革案例，案例包含音视频、照片、文字、PPT 等多种形式，本课程学生的反馈及感悟。 4. 一份总结报告 撰写一份不少于 5000 字的“课程思政”课程建设总结报告。 5. 一篇“课程思政”教学研究论文 撰写一篇大学英语 II 思政教学论文，争取在 CN 刊物发表。

4-3　预期效果
通过大学英语 II 课程思政建设，将制定和完善大学英语 II 课程思政新的教学大纲，优化课程思政目标，大大充实大学英语 II 课程思政内容，并对课程进行重新整体设计优化和单元设计优化，改进课程思政的教学模式和评价体系。培养学生在学习语言能力的同时，帮助学生正确辩析中西方语言、文化异同，树立正确的民族观、历史观和文化观；帮助学生正确认识中国发展历程，培养学生的科学精神、创新精神和实干精神；激发学生的爱国主义热情；帮助学生坚定文化自信，讲好中国故事，传播中国声音，服务国家战略需求。号召他们把青春正能量凝聚到实现中华民族伟大复兴的建设中。与此同时，努力建成一支具有思政教育意识和思政教育水平的外语专业高素质教师队伍，更好地为服务于学校办学目标、院系人才培养目标而贡献力量。

第十章　大学英语教师职业发展探究与实践

习近平总书记 2021 年 4 月 19 日在清华大学考察时指出："教师是教育工作的中坚力量，没有高水平的师资队伍，就很难培养出高水平的创新人才，也很难产生高水平的创新成果。大学教师的职责是向学生传授知识、培养能力、塑造正确的人生观。" 2018 年 5 月 2 日，习近平在北京大学师生座谈会上发表重要讲话。他说，"人才培养的关键在于教师。师资队伍的素质直接决定了大学的能力和水平。建设社会主义现代化强国，需要大批各行各业的优秀人才。这对我们教师的能力和水平提出了新的更高的要求。同样，随着信息化的不断发展，知识的获取和传授方式以及教与学的关系也发生了革命性的变化。这也对师资队伍的能力和水平提出了新的更高的要求。" 习近平总书记重要讲话为新时代加强高校师资队伍建设指明了方向：打造一支政治素质优良、业务能力过硬、育人水平高的师资队伍 .

第一节　大学教师发展

广义的大学教师发展包括所有在职大学教师，通过各种理论学习和工作实践的方式和方法，不断提高自己的专业水平，相当于将大学教师置于终身学习体系中。狭义的高校教师发展特指对新手教师教育的提高，帮助新手教师更快更好地进入角色，适应教师的专业工作，敬业奉献。

大学教师发展和一般的教师培训是两个密切相关的概念。教师培训注重外部社会和组织要求，要求大学教师接受一定的规定要求和规范；而教师发展则侧重于教师的主体性和自我要求，以达到一定的目标。当然，教师的发展离不开某种形式的教育培训，但更重要的是教师的自主性和个性化，促进了教师的自主学习和自我完善。

第二节　高等教育的发展趋势与挑战

一、国家与社会的发展趋势

社会的发展决定了高等教育人才培养的数量和质量。高等教育的质量取决于大学教师的素质。进入21世纪以来,我国高等教育从精英教育阶段逐步进入大众化阶段。高校教师学术专业领域迅速扩大。当前，我国高等教育进入了新的大众化阶段。2019年高等教育毛入学率达到51.6%，在校生总数达到4002万人。世界上最大的高等教育体系已经建立。大学生人数持续增加，大学教师人数翻番。同时，对高校教师专业知识和技能的要求不断提高。高新技术进入高等教育领域催生了新的教育教学理论，也改变了大学教师的角色、地位和职能，为大学教师的发展提供了广阔的空间。

2018年6月21日，教育部在四川成都召开新时代全国高等学校本科教育工作会议。会议强调，要深入学习贯彻习近平新时代中国特色社会主义思想和党的十九大精神，全面贯彻落实习近平总书记重要讲话精神。要推进“四个回归”，加快高水平本科教育建设，全面提升人才培养能力，造就时代新人。要引导教师爱教、爱教、爱科研、爱教，潜心教书育人。要坚持正确的政治方向，推进专业知识教育与思想政治教育相结合，用知识体系教育、价值体系教育、创新体系建设，培养建设者和接班人。引导教师以德立身,更好地承担起教师、引导者对学生健康成长的责任,全面提升教师教育教学能力。

当前，各高校大力加强教学管理，回归教学本质，体现以人为本、以学生为中心的教学理念，进行一系列提升教学质量为中心的教改举措，使得学校教学中心地位得以回归与完善。新形势下社会对具有国际视野和竞争力的人才新需求，社会高度关注大学英语教学质量和对大学英语工具性与人文性的期待。

二、教育信息化与信息化教育发展趋势

在信息社会，当信息化作为教育的辅助手段时，教育发展的主要目标是教育信息化；当信息化成为教育不可分割的一部分时，教育发展的主要目标就是信息化教育。

教育信息化是根据学校教育教学的需要，应用IT技术，对传统教学模式进行数字化改进，其目的是提高学习效率，共享教育资源。从教育信息化到信息化教育，是一个观念更新、技术发展、教育理论发展完善的过程。信息技术的发展及其与教学过程的不断深入融合，将彻底改变当前的教学形式，诠释和丰富新的教育理念、教学理论和方法、教学模式、教学评价体系。信息化教育是教育信息化发展的必然趋势。

在教育信息化与信息化教育的发展趋势下，提倡在教师指导下的、以学习者为中心的学习。学生是信息加工的主体，是认知结构的主动建构者，而不是外部刺激的被动接受者和被灌输对象。信息化时代，不论具有什么类型的学习风格和使用什么类型的信息化教学手段，每一位成功的外语学习者都需要有丰富的和高质量的语言输入信息，拥有实践和体验的机会，进行高质量的语言输出实践，并能够作出及时、高质量的对语言输出的反馈信息。

三、教学对象和教学资源发展趋势

当代大学生，都是00后新生，有其自身的明显时代特征，他们是信息时代的原住民。借助从小就熟练使用的手机等移动互联网工具，00后的见闻和视野更广，他们对于新鲜事物的追求更强力，对体验、交互活动在心理和策略上有更多的认同。00后一般不用为生活发愁，忍耐力较差，喜欢交友，性格比较直白，喜欢幽默风趣，倡导平等交流沟通。信息化时代教学资源丰富，中国外语教学理论与实践不断壮大和提高，教学资源不断整合与创新。在传统教学资源的基础上，先后出现网络教学资源到云计算教学资源库。以云计算教学资源数据库为代表的现代教学资源数据库的出现，取代了传统的纸质资源收集整理模式。只需通过简单的文字搜索，即可找到教学内容所需的所有相关资料，减轻了教师的劳动强度，节省了收集整理教材的时间；同时，资源库中丰富的教学内容也有助于教师的课堂教学。

第三节　大学英语教师应该具备的知识

教师是意义建构的帮助者、引导者和推动者，而不是知识的传播者和灌输者。教师要教导学生“学会学习，学会做事，学会做人，学会与人相处”。

一、教师知识和教师认知

教师发展需要一大批教师教育者正确理解教师知识和教师认知。教学不是可以模仿的外在行为，而是教师对教与学的个人理解或诠释。教师知识是教师在课堂教学的社会实践活动中逐渐形成的对课堂教学的一种个人理解或诠释。它结合各种与教学相关的知识、技能和经验及其因素，形成对教育教学的理解和一种个人信念，正是这种个人知识或信念直接支配和影响着教师日常课堂教学行为。教师的知识不是可以直接传授的客观知识。它是教师在教育教学实践中逐渐形成和发展起来的一

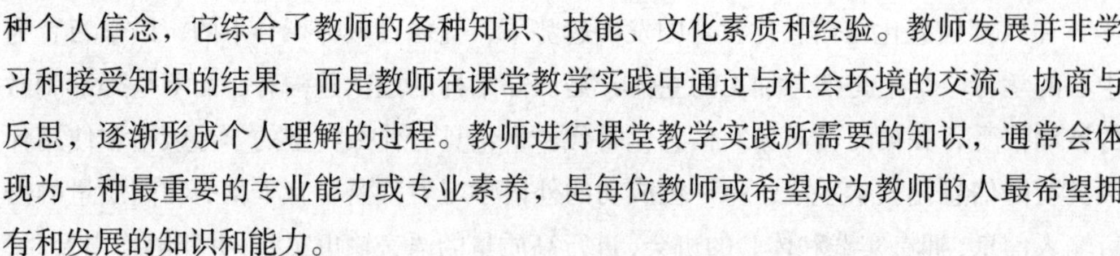

种个人信念，它综合了教师的各种知识、技能、文化素质和经验。教师发展并非学习和接受知识的结果，而是教师在课堂教学实践中通过与社会环境的交流、协商与反思，逐渐形成个人理解的过程。教师进行课堂教学实践所需要的知识，通常会体现为一种最重要的专业能力或专业素养，是每位教师或希望成为教师的人最希望拥有和发展的知识和能力。

（一）教师知识的分类

根据知识分类（布卢姆等，1986）教师知识可归纳为：

陈述性知识（能用语言文字表达的知识，如学科知识、教育学公共理论知识、教育环境知识、教学法知识等）；

程序性知识（能运用规则或概念做事的知识，如课堂的交流技能、教学设计和课堂管理的技能等）；

策略性知识（能直接支配或解决具体实践问题的知识、经验与智慧，如个人信念、教学推理、课堂决策和行动的直觉经验和智慧）

（二）教师知识的特征

个人性：由于每个教师的教育经验不同和所处教育环境的影响不同，他们对教与学的理解、创造教学形式的思路通常不一样，分析与评价教学的见解也不一样；

融合性：教师知识由各种不同性质、范畴的知识（如：陈述性、程序性和策略性知识；理论知识与实践知识；学科知识与教学知识等）融合在一起，结构极为复杂，不便于分析；

隐蔽性：教师知识存在于教师大脑内部，不一定能够被教师自己清楚地意识到，即便能意识到，也不一定能得到清楚的解释和说明；

本地性：教师知识往往与教师经验的特定情境密切相关，因此理解和解读教师知识不能离开课堂教学的特定环境、不能脱离学校和地区的教育教学实际情境。

由于教师知识的融合性，教师需要在长期的实践中了解教师知识的复杂结构，特别是教师理论知识与实践知识之间的复杂关系；

由于教师知识的个人性，教师需要通过各种社会交流（与学生的交流和与其他教师的交流）和团队的协作，借助其他教师的视角和经验来发展自己；由于教师知识的隐蔽性，教师需在教师教育者的帮助下借助特定的教师语言进行个人知识的分析和交流，使之明晰化、概念化，能够与“公共知识”“对接”；由于教师知识的地方性，教师教育者应该尽可能使培训内容情境化、地方化，帮助教师了解教师知识的特定含义，发现教师经验的共同特征和规律。

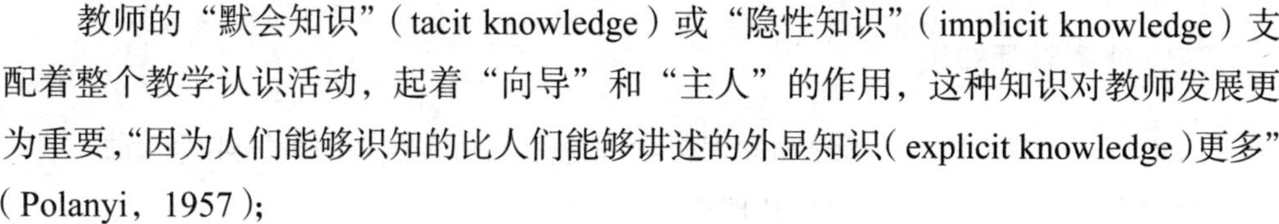

教师的“默会知识”（tacit knowledge）或“隐性知识”（implicit knowledge）支配着整个教学认识活动，起着“向导”和“主人”的作用，这种知识对教师发展更为重要，“因为人们能够识知的比人们能够讲述的外显知识（explicit knowledge）更多”（Polanyi，1957）；

教师在实践中并不总是依赖理论知识。他们往往依靠自己的实践知识，即行动中的知识（knowing-in-action）来指导行动和解决问题（Schön，1983）。无论教师接受什么样的教学相关知识，他们都会以自己的个人知识为基础，从教学实践中获得。这种知识会形成一种不变的观点，称为“教师信念”。教师根据个人经验和对有效教学的理解、原则和信念，创造教学方法并形成自己的教学理论。

（三）教师知识发展

课堂教学不仅仅是教师行使社会工具性职能（社会实践）的过程，更是教师知识和能力发展的过程。“关注和理解课堂事件”（Tsui，2003：32）必须成为外语界的共识。

研究外语课堂教学不再仅仅是专家的事，也不再仅仅是为了评估教学和学习的效果，而是每个教师每天必做的功课，从而发现有效教学的本质、过程和特点，了解教师知识发展的目标与原则，了解个人知识的缺陷，从而更有目标地发展自己。

（四）教师知识建构的基本途径

教师围绕着课堂教学所进行的两大实践活动“课堂决策”与“教学研究”，就成为教师个人知识建构的基本途径；两大实践活动涉及的教师知识形成不可或缺的相互补充：教师不但需要根据自己已有的学科教学知识、经验和关于有效教学的原则、信念去创造教学形式（进行课堂教学决策）；还需要根据这些知识、经验和关于有效教学的个人标准来评价和解释教学，以便归纳有效教学的本质、过程和特点，为课堂教学决策提供更多依据（进行课堂教学过程研究的能力），也为教师知识的发展提供具体的目标。

二、学科教学知识

学科教学知识是教师在教学实践中所拥有和使用的一种特殊知识。它是学科知识和教学知识（包括各种理论和实践知识）的高度融合。具体表现如下：教师对各种教学复杂因素（如教师、学生、学习任务、课堂）及其关系的个人理解；教师根据教学需求对学科知识所进行的一种筛选、重组，对教学形式的一种创造；教师在特定课堂环境中为促进学习将知识、技能、策略、经验和智慧的综合运用。

三、外语教师知识

Richards（1998）将外语教师知识（含理论知识和实践知识）描述为六种：

教学理论（含个人理论与公共理论）；

课堂教学与管理的技能；

外语交流技能；

学科知识（也称“专业知识”）；

教育环境知识；

有关学习者及其特点的知识。

四、现代外语教师应具备的能力

根据教师知识、学科教学知识、教育目标及其哲学思想，现代外语教师要与时俱进，变“我知故我教”为“我教故我知”。要做到以下几点：

（1）了解国内外高等教育改革趋势；

（2）了解外语教学改革发展趋势；

（3）掌握外语学科知识（专业知识和技能）；

（4）掌握外语教学理论和二语习得理论；

（5）掌握教育学和心理学学科理论；

（6）具备良好的外语课堂教学能力；

（7）具有现代信息技术的应用能力；

（8）具备学术研究能力。

第四节　大学英语教师发展存在的问题

在现实中，大学英语教师的发展还存在很多问题。教师大多停留在传统的教学模式，缺乏创新意识，不注重自我提升和知识积累。教学理念落后，教学内容与社会发展的实际需要脱节，教学技能和方法滞后，教师专业发展薄弱。大量采用新教材，概念先进，题材广泛，思辨性强。对于大学英语教师来说，它需要一个学科和跨学科的知识结构。大学英语教师如果不能正确认识自己学科知识的不足，不进行教学创新，就跟不上时代的进步和发展，就无法与时俱进。适应新时代教育的要求。其次，很多教师缺乏积极的科研意识和精神。不少大学英教师缺乏科研意识。有的老

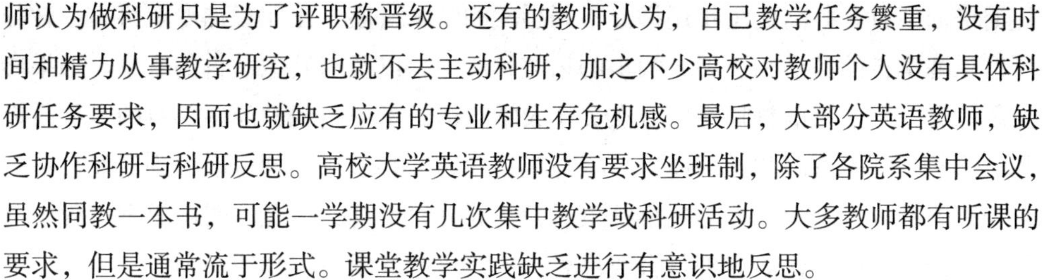

师认为做科研只是为了评职称晋级。还有的教师认为，自己教学任务繁重，没有时间和精力从事教学研究，也就不去主动科研，加之不少高校对教师个人没有具体科研任务要求，因而也就缺乏应有的专业和生存危机感。最后，大部分英语教师，缺乏协作科研与科研反思。高校大学英语教师没有要求坐班制，除了各院系集中会议，虽然同教一本书，可能一学期没有几次集中教学或科研活动。大多教师都有听课的要求，但是通常流于形式。课堂教学实践缺乏进行有意识地反思。

第五节　大学英语教师发展路径

随着我国外语教学改革的进一步深入和信息技术的快速发展，外语教育的新形势、新标准、新要求、新挑战也随之而来，对大学英语教师的要求和期望也越来越高；外语教师如何不辜负来自各方面的迫切要求和殷切期望，唯一的途径就是加快自身职业发展，才能更好适应新局面、新任务、新要求。针对大学英语教师发展存在的问题，结合当前形势，我们认为可以通过以下途径来实现大学英语教师的职业发展。

一、提高认识，加强自我学习

在高校外语教师的新时代，我们每一位教师都必须重新认识教师的职业，更新职业观念，提高职业意识，重新审视和自我评估自己的专业技能、职业素质和职业道德。找出自己的学术水平，如基础理论、学科理论和学科知识，还要熟悉自学者的专业知识和技能、教育知识和教学能力，并结合自己的学术道德反思自己的学术道德职业素养，进而提高自我职业意识，有针对性地加强自主学习。作为一名大学英语教师，教师应坚持阅读各种英文原版书籍、报纸和杂志，听各种地道的英语节目，学习教育、教学和相关学科理论，完善自己的教育实践新理念和现代教育信息化技术。大学英语教师还可以参加一些高水平的英语考试，如托福、雅思等，不仅可以检查自己的实际英语水平，还可以在应试中获得一些实践经验，方便以后的教学。大学英语教师还可以订阅有关大学英语教学研究的杂志，自行购买一些外语类学科现代教育理论方面的图书，及时了解本学科的科研动态，形成自己的研究方向。教师可以制订自我学习计划（如明确学习目标、内容、方式），提高教师自我学习效果。

二、主动参加教学科研培训活动

每年，每所大学都会派教师外出深造或培训。比如有年度访问学者项目，暑期短期培训项目。各高校每年还举办不同层次的学术讲座，比如参加专题讲座。教师可以了解学科的前沿和进展，知识的拓宽和应用，以及与其他学科的联系。如果参加研讨会，大学英语教师可以重点关注大学英语教学中出现的问题，目的是提高教师对这些问题的理解和处理能力。参与观察和实践教学，教师可以得到启发，提高自身素质和教育教学水平。观察结束后，与导师讨论观察情况，明确教学过程中的行为和行为动机，让双方进行自我反思，从而改进教学。教师还必须通过反思自己的教学实践来检查和修正自己的教育实践。

三、积极参加学科教学竞赛和课题申报

高校外语学科一年一度都有不同级别的学科竞赛，如教学创新比赛、教学之星比赛等，有校级、省级和国家级等。如参加省级以上的比赛，教师就可以同各地同行同台竞技，还可互相取经，取长补短。每年各高校、省级教育系统、各级政府、国家教育部等每年都会有各种研究项目，教师们要及时关注，结合自己的实际和兴趣，积极申报。每一次项目申报的过程，也是学习的过程。如果项目立项并完成，教师们可以更好地把自己的实践理论化，理论实践化。教师们还可以积极参加编写教学材料，通过编写高质量的教学材料，可以将很多具体的教学理论和实践相结合。再如开设新课程，通过开新课程挑战自我，打破自己旧有的知识平衡，在教学和科研方面上台阶。

四、加强群体协作，加入学术团体，共同发展

高校外语教师的职业发展，离不开教师群体合作，要改变以往大学英语教师各自为政的局面，倡导协作，要求教师要作为集体的一员，共同学习，相互讨论，找出方法，共同解决问题。一个相互支持、协作的集体环境是教师职业发展重要保障。如建立共同研究小组。教师自愿加入，遵守小组章程。高校外语教师可以通过参加一定的学习小组进行学术交流，拓展和加强教师的理论视野和创新能力。积极参加学术会议，提交学术论文，参与小组讨论，交流思想，建立联系，既确定发展方向，又明确发展方法。相信教师的付出就一定有回报。自 2020 年 7 月以来，我参加了由文秋芳教授发起组织的 POA 虚拟学习共同体，对 POA 的理论和实践有了全面和深入的了解，同时对科学研究有了新的认识，受益匪浅。POA 虚拟学习共同体是教师实践知识与经验得以分享、交流、评价的平台，营造有利于各层面教师相互学习、相互支持和共享的人文环境，也为教师们提供了丰富的教师教育资源，很好地提升了高校外语教师教育与发展。

参考文献

[1] Von Glasemfield, EA.Constructivist Approachto Teaching（A）. Constructivism in education（C）.Lawrence Erlibraum Associaties Publisher, 1995.

[2] Holec, H.Autonomy in foreign language learning[M].Oxford：Pergamon, 1981.

[3] Little, D. "Learner Autonomy in Practice", Autonomy in Language Learning[M]. London：C.I.L.T.1990.

[4] Spady William G. Outcome-Based Education：Critical Issues And Answers[M]. American Association of School Administrators.1994.

[5] Little, D.Learner Autonomy：Definition, Issues and Problems[M].Dublin：Authentic Language Learning Resources Ltd., 1991.

[6] Gardner RC, Lambert W E.Attitudes and Motivation in Second Language Learning[M].Rowley, Mass：1972.

[7] Cook V.Linguistics and Second Language Acquisition London[M].Macmillan, 1993.

[8] O'Malley, J.M.& Chamot, A.V.Learning Strategies in Second Language Acquisition [M].London：Macmillan.1990.

[9] Cohen, A. D. Strategies in Learning and Using a Second Language[M].London：Longman.1998.

[10] Nunan, D. Designing and Adapting Materials to Encourage Learner Autonomy. In P. Benson and P. Voller（eds.）.Autonomy and Independence in Language Learning[M]. London：Longman, 1997.

[11] Vygotsky, L. S. Mind in Society：The Development of Higher Psychological Processes [M]. Cambridge：Harvard University Press, 1978.

[12] Mercer, N. Neo-Vygotskian Theory and Classroom Education [A]. In Language, Literacy and Learning in Educational Practice[C]. Ed. Stierer, B. London：The Open University Press, 1994.

[3] Bruner D, Wood J, Mercer G. The Role of Tutoringin Problem Solving[J]. Journal of Child Psychologyand Psychiatry, 1976（2）.

[14] Slavin R E. Educational psychology：Theory andpractice（4th）[J]. Allyn and Bacon，1994（4）.

[15] Dickson S V，Chard D J，Simmons D C. An Integrat-ed Reading/Writing Curriculum：A focus on scaffold-ing[M]. London：LD Forum，1993：12-16.

[16] Balaban N. Seeing the Child，Knowing the Person.In W. Ayers，To become a Teacher[M]. New York：Teachers College Press，1995：52.

[17] Mercer N，Fisher E. How Do Teachers Help Chil-dren to Learn[M]. London：Routledge，1998.

[18] Raymond E. Cognitive Characteristics：Learnerswith Mild Disabilities Needham Heights[M]. MA：Allyn &Bacon，2000.

[19] 文秋芳 . 英语学习策略论 [M]. 上海：上海外语教学出版社，1995.

[20] 刘道义. Beginning to Write[M]. 北京：人民教育出版社，2000.

[21] 李慧芳 . 多文化交融下大学英语教育的转型探究 [M]. 北京：中国纺织出版社，2017.

[22] 秦结，贺文发 . 高校外语课程与教学改革探索 [M]. 北京：光明日报出版社，2015.

[23] 胡中峰 . 教育学评价学 [M]. 北京：中国人民大学出版社 2013.

[24] 余金燕 . 基于微课的大学英语教学改革研究 [M]. 北京：中国纺织出版社 2017.

[25] 武和平，武海霞 . 外语教学法与流派 [M]. 北京：外语教学与研究出版，2014.

[26] 彭云玲，陈娟 . 信息化背景下的大学英语教学改革 [M]. 中国纺织出版社，2017.

[27] 徐淑娟 . 大学英语教学改革和任务型教学法 [M]. 中国水利水电出版社，2015.

[28] 赵红新 . 转型发展背景下英语专业教学的理念与实践 [M]. 东北师范大学，2017.

[29] 李艳．大学英语教学中学习者自主性的培养 [J]. 安徽电子信息职业技术学院学报，2003（3）：47-49.

[30] 孙丙堂．与自主学习相适应的大学英语自主教学模式的构建 [J]. 山东外语教学，2008（1）：52-56.

[31] 王奇民，王健 . 制约大学英语学习成效的策略因素探析 [J]. 外语界，2003（2）：41-46.

[32] 王威 . 社会文化理论及其应用研究 [J]. 赤峰学院学报（汉文哲学社会科学版），2018，39（08）：155-158.

[33] 大学英语教学大纲（高等学校理工科本科用）《大学英语教学大纲》修订工作组：高等教育出版社 .1985.

[34] 大学英语教学大纲（修订本）（高等学校本科用），上海：上海外语教育出版社 .1999.

[35] 教育部高等教育司《大学英语课程教学要求》，上海：上海外语教育出版社 .2007.

[36] 习近平出席第七十届联合国大会一般性辩论并发表重要讲话. 人民网. 2015-9-29[引用日期 2018-10-09].

[37] 习近平“四观”倡导国际新秩序. 人民网. 2015-3-29[引用日期 2015-3-28].

[38] 何莲珍 . 新时代大学外语教育的历史使命 [J]. 外语界，2019（01）：8-12.

[39] 鲁俐，李芳媛 . 输出驱动假设理论视角下大学英语听说教学改革思路探析 [J]. 教育评论，2015（1）：120-122.

[40] 文秋芳 . 构建“产出导向法”理论体系 [J]. 外语教学与研究，2015（4）548-558.

[41] 何克抗，吴娟 . 信息技术与课程整合的教学模式研究之一——教学模式的内涵及分类 [J] 现代教育技术 .2008（07）：5-8.

[42] 王笃勤 . 大学英语自主学习能力的培养 [J]. 外语界，2002（5）：17-23.

[42] 马冬虹，刘昕 . 影响工科学生英语听说能力的相关因素研究 [J]. 外语电化教学，2014（05）：70-74.

[44] 魏娟 .“翻转教学”的教学手段与教学方法改革研究 [J]. 内蒙古财经大学学报，2017（2）：103-107.

[45] 鲁俐，李芳媛 . 输出驱动假设理论视角下大学英语听说教学改革思路探析 [J]. 教育评论，2015（1）：120-122.

[46] 何克抗 . 建构主义的教学模式、教学方法与教学设计 [J]. 北京师范大学学报，1997（05）：74-81.

[47] 郭启华，金红艳 . 基于建构主义学习理论的教育学教学改革 [J].2004（10）：107-110.

[48] 李凤荣. 大学英语课堂应成为学生语言输入与输出的平台 [J]. 科教文汇，2011（1）：91-92.

[49] 程静英. 英语写作教学分析 [J]. 外语教学与研究，1994（2）：12-17.

[50] 冯智文 . 大学英语第二课堂建设调查研究大学英语教学与研究：2012（03），51-57.

[51] 范晓筠 . 支架理论在大学英语写作教学中的应用 [J]. 开封大学学报 2012（6）：73-74.

[52] 张国荣 ."支架"理论在英语写作教学中的应用 [J]. 外语与外语教学，2004（9）：37-39.

[53] 王守仁，王海啸 . 我国高校大学英语教学现状调查及大学英语教学改革与发展方向 [J]. 中国外语 2011（09）4-11.

[54] 张驰 . 我国大学英语教学取得的成就与目前改革所面临的问题 [A]. Education and Sports Education 2016，271-276.

[55] 于海波，孟凡丽 . 教学策略的定义、特征和结构 [J]. 新疆师范大学学报 2002（04）95-99.

大学英语教学指南

（2020 版）

教育部高等学校大学外语教学指导委员会

1. 前言

为全面贯彻落实党的教育方针和全国教育大会精神，顺应新时代高等教育发展要求，进一步深化大学英语教学改革，提高教育教学质量，根据《中国教育现代化2035》和《关于加快建设高水平本科教育 全面提高人才培养能力的意见》等指导高等教育发展的文件精神，在总结大学英语课程建设和教育教学改革经验的基础上，制订本指南。

本指南对大学英语教学提出的指导性意见，是各普通高等学校制订大学英语教学大纲、进行大学英语课程建设、实施大学英语课程教学与课程评价的主要依据。

英语作为全球目前使用最广泛的语言和开展国际交流的重要工具，是中国与其他国家和地区在科技、人文等领域进行交流的最主要媒介，是中国持续深化对外开放过程中不可或缺的语言资源。

高校开设大学英语课程具有重要意义。从学生成长需求出发，大学英语课程不仅有助于学生学习了解世界各国优秀的文明和文化、前沿的科学技术、先进的管理经验和思想理念，培养人文精神，提升综合素质，促进全面发展，而且为学生知识创新、潜能发挥提供一个基本工具，为迎应经济全球化时代的机遇和挑战做好准备；从国家战略需求出发，大学英语课程有助于培养和储备一大批具有世界眼光、国际意识和跨文化交际能力、通晓国际规则、精通国际谈判的人才，为促进我国社会经济发展、增强我国履行国际义务及参与全球治理能力、推动构建人类命运共同体提供充足的优质人才资源。

2. 课程定位与性质

2.1 课程定位

大学外语教育是我国高等教育的重要组成部分，对于促进大学生知识、能力与素质的协调发展具有重要意义。大学英语作为大学外语教育的主要内容，是大多数非英语专业学生在本科教育阶段必修的公共基础课程,在人才培养中具有重要作用。

各高校大学英语课程应参照本指南进行合理定位，服务于学校办学目标、院系人才培养目标和学生个性化发展需求。

2.2 课程性质

大学英语课程是普通高等学校通识教育的一个重要组成部分，兼具工具性 和人文性。其工具性主要体现在两个方面：第一，大学英语课程是基础教育阶 段英语教

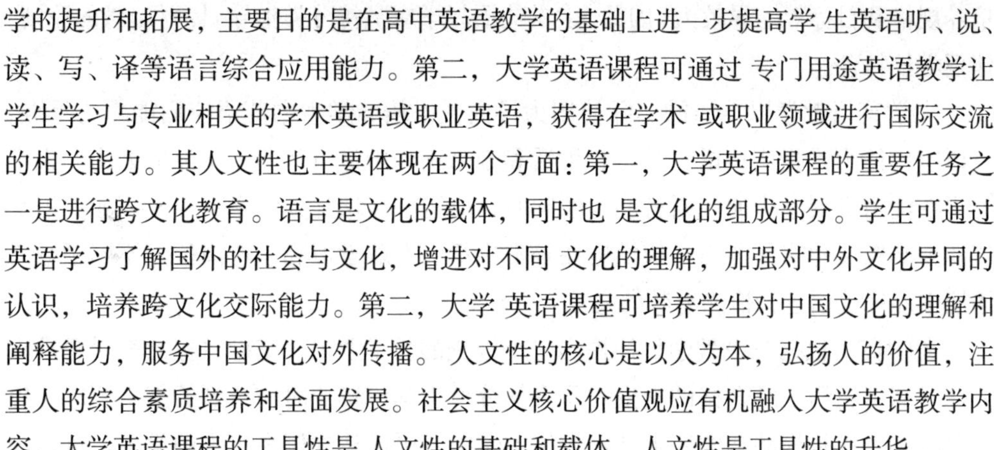

学的提升和拓展，主要目的是在高中英语教学的基础上进一步提高学生英语听、说、读、写、译等语言综合应用能力。第二，大学英语课程可通过专门用途英语教学让学生学习与专业相关的学术英语或职业英语，获得在学术或职业领域进行国际交流的相关能力。其人文性也主要体现在两个方面：第一，大学英语课程的重要任务之一是进行跨文化教育。语言是文化的载体，同时也是文化的组成部分。学生可通过英语学习了解国外的社会与文化，增进对不同文化的理解，加强对中外文化异同的认识，培养跨文化交际能力。第二，大学英语课程可培养学生对中国文化的理解和阐释能力，服务中国文化对外传播。人文性的核心是以人为本，弘扬人的价值，注重人的综合素质培养和全面发展。社会主义核心价值观应有机融入大学英语教学内容。大学英语课程的工具性是人文性的基础和载体，人文性是工具性的升华。

大学英语需要在课程建设、教材编写、教学实施等各个环节充分挖掘其思想和情感资源，丰富其人文内涵，实现工具性和人文性的有机统一。

大学英语教学应融入学校课程思政教学体系，使之在高等学校落实立德树人根本任务中发挥重要作用。

3. 教学目标与要求

3.1 教学目标

大学英语的教学目标是培养学生的英语应用能力，增强跨文化交际意识和交际能力，同时发展自主学习能力，提高综合文化素养，培养人文精神和思辨能力，使学生在学习、生活和未来工作中能够恰当有效地使用英语，满足国家、社会、学校和个人发展的需要。

根据我国现阶段基础教育、高等教育和社会发展的现状及未来发展需求，大学英语教学目标分为基础、提高、发展三个级别。在这三级目标体系中，基础目标是针对大多数学生的英语学习基本需求确定的，提高目标是针对入学时英语基础较好学生的较高需求确定的，而发展目标则是根据学校人才培养计划的特殊需要以及部分学有余力学生的多元需求确定的。大学英语教学与高中英语教学相衔接，各高校可根据实际需要，自主确定起始级别，自主选择教学目标。分级目标的安排为课程设置的灵活性和开放性提供了空间，有利于实施满足学校、院系和学生个性化需求的大学英语教学。

3.2 教学要求

我国幅员辽阔，区域发展不平衡，各高校的教学资源、学生入学水平以及人才培养规格和目标等差异较大，因此，大学英语教学应坚持分类指导、因材施教的原则，体现学校特色。

大学英语教学以英语的实际使用为导向，以培养学生的英语应用能力为重点。英语应用能力是指用英语在学习、生活和未来工作中进行沟通、交流的能力。大学英语在注重发展学生通用语言能力的同时，应进一步增强其学术英语或职业英语交流能力和跨文化交际能力，使学生在日常生活、专业学习和职业岗位等不同领域或语境中能用英语进行恰当有效的交流。

大学英语根据三级教学目标提出三个级别的教学要求。基础目标的教学要求主要针对高考英语成绩合格的学生，是大部分学生本科毕业时应达到的基本要求。提高目标和发展目标的教学要求针对大学入学时英语已达到较高水平的学生，也是为对英语应用能力有较高要求的专业所设定的要求。对高考英语成绩基本合格的学生，学校可适当调整基础目标的部分教学要求。

参照《中国英语能力等级量表》对相关级别的能力描述，大学英语三个级 别的教学要求分为总体描述和单项技能描述。总体描述包括语言知识与技能、跨文化交际能力、思辨能力和学习策略的要求；单项技能描述则从听、说、读、写、译五个方面对三个级别的教学要求做进一步说明。各高校应依据本指南提 出的三级教学目标和教学要求，结合学校、院系和学生的实际情况，确定具有 本校特色的教学目标和教学要求。

三个级别教学要求的总体描述如下：

级别	总体描述
基础目标	能够基本满足日常生活、学习和未来工作中与自身密切相关的信息交流的需要；能够基本正确地运用英语语音、词汇、语法及篇章结构等语言知识，在高中英语学业质量水平二应掌握的词汇基础上增加约 2,000 个单词，其中 400 个单词为与专业学习或未来工作相关的词汇；能够基本理解语言难度中等、涉及常见的个人和社会交流题材的口头或书面材料；能够就熟悉的主题或话题进行简单的口头和书面交流，如讨论、协商等，表明观点和态度；能够就一般性话题进行较有效的描述、说明或阐述，表达准确、连贯、得体；能够借助网络资 源、工具书或他人的帮助，对不同场合中一般性话题的语言材料进行处理和加工，理解主旨思想，明晰事实、观点与细节，领悟他人的意图和态度，进而进行综合与合乎逻辑的判断，表达基本达意；能够运用基本的学习策略；在与来自不同文化背景的人进行交流时，能够观察到彼此之间的文化和价值观差异，并能根据交际需要运用基本的交际策略。
提高目标	能够在日常生活、学习和未来工作中就熟悉的话题使用英语进行较为独立的交流；能够比较熟练地运用英语语音、语调、词汇、语法及篇章结构等语言知识，在高中学业质量水平二应掌握的词汇基础上增加约 3,000 个单词，其中 600 个单词为与专业学习或未来工作相关的词汇；能够较好地理解语言难度中等、内容熟悉或与本人所学专业相关的口头或书面材料，理解材料内部的逻辑关系、篇章结构和隐含意义；能够以口头和书

续表

级别	总体描述
	面形式较清楚地描述事件、物品，陈述道理或计划，表达意愿等；能够就较熟悉的主题或话题进行较为自如的口头和书面交流，有效传递信息，比较和评析不同的意见，发表见解，表达连贯、得体、顺畅，符合相关文体规范和语体要求；能够较好地运用学习策略；在与来自不同文化背景的人进行交流时，能够较好地应对与对方在文化和价值观等方面的差异，并能够根据交际需要较好地运用交际策略。
发展目标	能够在日常生活、学习和未来工作等诸多领域中使用英语进行恰当有效的交流；能够有效地运用有关篇章、语用等知识，较好地理解有一定语言难度、内容较为熟悉或与所学专业相关的口头或书面材 料，准确把握主旨和要义；能够对不同来源的信息进行综合、对比、分析，客观审视、评析材料的内容，理解深层含义，并得出自己的结论或形成自己的观点或认识；能够就社会话题和与所学专业相关的学术话题进行深入交流和讨论，有效地进行描述、说明、解释、论证和评析；能够通过说理使他人接受新的观点或形成新的认识，表达规 范、清晰、得体、顺畅；能够恰当地运用学习策略；在与来自不同文化背景的人进行交流时，能够应对与对方在文化和价值观等方面的差异，并能够根据交际情景、交际场合和交际对象的不同，恰当地运用交际策略。

三个级别教学要求的单项技能描述如下：

级别	单项技能描述
基础目标	1. 听力理解能力：能听懂语速正常、有关一般性话题的音视频材料和题材熟悉的讲座，掌握中心大意，获取要点和细节，明确其中的逻辑关系，理解话语的基本文化内涵；在收听、观看一般性话题的英语广播、电视节目时，能理解其主要内容；能听懂用英语讲授的相应级别的英语课程；能听懂与工作岗位相关的常用指令、产品介绍或操作说明等。能运用基本的听力技巧。
	2. 口头表达能力：能就日常话题或熟悉的社会热点问题发表意见或与他人交流；能对一般性事件和物品进行简单的叙述或描述；经过准备后能就与自己专业相关的话题作简短发言；能就日常生活、学习事宜进行简单的交流或协商。语言表达结构比较清楚，语音、语调、语法等基本符合交际规范，有一定的层次和条理。能运用基本的会话技巧。
	3. 阅读理解能力：能基本读懂题材熟悉、语言难度中等的英文报刊文章和其他英文材料，理解主旨大意，分析语言特点，领会文化内涵；能借助词典阅读本专业的英文教材和生活中常见的应用文体的材料，掌握中心大意，理解主要事实和有关细节；能读懂语言结构较复杂的论述性材料，如社会时评、书评等，分辨不同观点；能根据阅读目的的不同和阅读材料的难易，适当调整阅读速度和方法。能运用基本的阅读技巧。
	4. 书面表达能力：能用英语就感兴趣的话题撰写短文，描述个人经历、观感、情感和发生的事件等，语句通顺，语意连贯；能撰写常见的应用文，如感谢信、邀请信等，格式正确，语言表达基本规范；能就一般性话题或提纲以短文的形式展开简短的论述、解释、说明 等，语言结构基本完整，中心思想明确，有论点和论据，用词较为恰当，衔接手段多样，语意连贯。能运用基本的写作技巧。
	5. 翻译能力：能借助词典等工具对题材熟悉、结构清晰、语言难度较低的文章进行英汉互译，译文基本准确，无重大理解和语言表达错误。能运用基本的翻译技巧。

续表

级别	单项技能描述
提高目标	1. 听力理解能力：能听懂语速正常的日常英语谈话和职场对话，如商务谈判、工作交流、求职面试等，理解说话者的观点和意图；能基本听懂题材熟悉、篇幅较长、语速正常的英语广播、电视节目和其他音视频材料，掌握中心大意，抓住要点和相关细节；能基本听懂用英语讲授的专业课程或与未来工作岗位、工作任务等相关的口头介 绍，概括主要内容，把握说话者的信息组织方式，如整体框架、衔接手段等。能较好地运用听力技巧。
	2. 口头表达能力：能用英语就一般性话题进行比较流利的会话；能就社会热点问题或专业领域内熟悉的话题与他人展开讨论，能较好地表达个人意见、情感、观点等，对他人的发言、插话等做出恰当的反应和评论；能陈述事实、理由和描述事件或物品等；能就熟悉的观点、概念、理论等进行阐述、解释、比较、总结等，语言组织结构清晰，语音、语调基本正确，语汇丰富，表达流畅。能较好地运用口头表达与交流技巧。
	3. 阅读理解能力：能基本读懂英文报刊上的文章，准确检索目标信息；能阅读与所学专业相关的综述性文献，或与未来工作相关的说明书、操作手册等材料，理解中心大意、关键信息、篇章结构；能读懂语言较复杂的文学作品等材料，把握重要信息，推断作者的情感态度和言外之意等，并对语言和内容进行简单的评析。能较好地运用快速阅读技巧阅读篇幅较长、难度中等的材料。能较好地运用常用的阅读技巧。
	4. 书面表达能力：能用英语就一般性话题表达个人观点，语言表达得体；能撰写所学专业领域论文的英文摘要和英文小论文，符合学术规范；能进行常见文体的写作，如图表描述、新闻报道、书评等，篇章结构符合文体特征要求。语言表达内容完整，观点明确，论据充分，条理清楚，语句通顺，有逻辑性。能较好地运用常用的写作技 巧。
	5. 翻译能力：能摘译与所学专业或未来工作岗位相关，语言难度一般的英文文献资料；能翻译常见的应用性文本，如求职信、推荐信、正式邀请函等，译文准确完整；能翻译题材熟悉、语言难度一般的文本，译文准确达意；能借助词典等工具翻译体裁较为正式、题材熟悉的文本，理解正确，译文基本达意，语言表达清晰。能较好地运用翻译技巧。
发展目标	1. 听力理解能力：能听懂英语广播、电视节目和主题广泛、题材较为熟悉、语速较快的谈话，掌握中心大意，抓住要点和主要信息；能听懂用英语讲授的专业课程、英语讲座和与工作相关的演讲、会谈等，理解话语中的隐含意义，评价说话者的观点与立场。能恰当地运用听力技巧。
	2. 口头表达能力：能用英语较为流利、准确地就通用领域或专业领域里一些常见话题进行对话或讨论；能用简练的语言概括篇幅较 长、有一定语言难度的文本或讲话；能在国际会议和专业交流中宣读论文并参加讨论，表达准确、清晰、连贯；能参与商务谈判等活动，恰如其分地表达发言愿望并保持发言权。能恰当地运用口头表达和交流技巧。
	3. 阅读理解能力：能读懂有一定难度的文章，理解主旨大意及细节；能比较顺畅地阅读英文报刊上的文章，以及与所学专业相关的英文文献和资料，如科技文章、社会时评等，整合相关内容，分析作者观点立场，较好地理解其中的逻辑结构和隐含意义等；能对语言较复杂的文学文化作品内容进行综合分析，批判性分析不同的文化现象，形成自己的理解和认识。能恰当地运用阅读技巧。

续表

级别	单项技能描述
	4. 书面表达能力：能比较自如地表达个人的观点，且做到言之有物、言之有理、言之有序；能就广泛的社会、文化主题写出有一定思想深度的说明文和议论文，就专业话题撰写简短报告或论文，思想表达清楚，内容丰富，文章结构清晰，论证充分，逻辑性较强；能对从不同来源获得的信息进行归纳和整合，写出大纲、总结或摘要，恰当地运用复杂句式和多样化的衔接手段，阐释清晰，论证有力；能以正确的格式和恰当的文体撰写商务信函、简讯、备忘录等。能恰当地运用写作技巧。
	5. 翻译能力：能借助词典等工具翻译与所学专业或未来工作岗位相关的文献资料，对原文理解准确，译文语言通顺，结构清晰，基本满足专业研究和业务工作的需要。能借助词典等工具翻译具有一定深度、介绍中外国情或文化的文字资料，译文内容准确，基本无错译、漏译，文字通顺达意，语言表达错误较少。能恰当地运用翻译技巧。

上述三个级别的教学目标和教学要求是各高校在制订本校大学英语教学大纲和其他教学文件时的参照基准。各高校可根据本校实际情况，对具体要求和指标做适当调整。在提倡学生语言技能均衡发展的同时，也鼓励不同学校、不同院系或不同学科专业的大学英语教学在语言技能的选择上有所侧重，突出特色，以满足院系和学生的不同需求。

4. 课程设置

4.1 总体框架

课程设置是达成教学目标和教学要求的主要支撑，也是教学目标和教学要 求在学校教学计划中的集中体现，是对课程结构和课程内容所做的安排和规定。大学英语教学的主体内容可分为通用英语、专门用途英语和跨文化交际三个部 分，并由此形成相应的三大类课程。大学英语课程由必修课、限定选修课和任 意选修课组成。

各高校应根据学校类型、层次、生源、办学定位、人才培养目标等，遵循语言教学和学习规律，合理安排相应的教学内容和课时，形成反映本校特色、动态开放、科学合理的大学英语课程体系。

课程设置要注意处理好通用英语与专门用途英语、跨文化交际教学的关系，处理好必修课程与选修课程的关系。课程设置还要充分考虑语言学习的渐进性 和持续性，在大学本科学习的不同阶段开设相应的英语课程。

4.2 课程结构与内容

4.2.1 通用英语课程

通用英语课程是大学英语课程的基本组成部分。通用英语课程旨在培养学生的英语听、说、读、写、译技能，同时教授英语词汇、语法、篇章及语用等知识，增加学生在社会、文化、科技等领域的知识储备，拓宽国际视野，提升综合文化素养，树立正确的世界观、人生观、价值观。通用英语课程分为基 础、提高和发展三个级别。各级别课程相对独立，各有侧重，相互补充。

基础级别的通用英语课程重点突出听、说、读、写、译基本技能的培养和语言基础知识的学习。通过 128-256 学时的英语教学，使学生的英语能力达到本指南规定的大学英语教学基础目标的相关要求。

提高级别的通用英语课程强调听、说、读、写、译技能的进一步提升，兼顾语法、词汇、篇章、语用等方面知识的进一步巩固、提高和相关知识的进一步扩充。通过 128 左右学时的英语教学，使学生英语能力达到本指南规定的大学英语教学提高目标的相关要求。

发展级别的通用英语课程注重学生较高层次语言应用能力的拓展训练，特别是口头表达和书面表达能力的训练，满足具有拔尖创新潜质的高水平学生参与国际学术交流的需要。各高校应根据部分学有余力学生个性化的需求开设相应的课程，使这部分学生的英语能力达到本指南规定的大学英语教学发展目标 的相关要求。

4.2.2 专门用途英语课程

专门用途英语课程以英语使用领域为指向，以增强学生使用英语进行学术交流、从事专业工作的能力，提升学生学术和职业素养为目的，具体包括学术英语和职业英语两类课程。

专门用途英语课程将特定的学科内容与语言教学目标相结合，语言教学活动着重解决学生在专业学习过程中遇到的语言问题，以培养与专业相关的英语能力为教学重点。

专门用途英语课程应凸显大学英语的工具性特征。各高校应以需求分析为基础，根据学校人才培养目标和学生成长需要，开设体现学校和专业特色的专门用途英语课程，供学生选择，也可在通用英语课程中融入学术英语和职业英语的内容。

基础级别的专门用途英语课程为基础性通用学术英语和入门级职业英语课程，在培养学生语言技能的同时，帮助学生了解和掌握初步的通用学术英语知识以及与

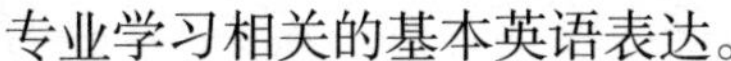

专业学习相关的基本英语表达。

提高级别的专门用途英语课程为与专业相关的英语应用能力课程，通过教学，使学生较好地掌握通用学术英语和一定的职业英语知识，基本具备用英语进行学术交流、从事专业工作的能力。

发展级别的专门用途英语课程面向学术或职业领域有特殊需求的高水平学生，帮助学生利用英语提高本专业学习、科研和工作的能力，特别是在专业领域用英语进行交流的能力。

4.2.3 跨文化交际课程

跨文化交际课程旨在进行跨文化教育，帮助学生了解中西方在世界观、价值观、思维方式等方面的差异，培养学生的跨文化意识，提高学生社会语言能力和跨文化交际能力。

跨文化交际课程侧重体现大学英语的人文性特征。各高校可根据需要开设不同级别的跨文化交际课程，也可在通用英语课程中融入跨文化交际的内容。基础级别的跨文化交际课程以丰富学生中西方文化知识、培养学生中西方文化差异意识为目的。可在通用英语课程内容中适当导入一定的中西方文化知识，以隐性教学为主要形式，也可独立开设课程，为学生讲授与中西方文化相关的基础知识。

提高级别的跨文化交际课程在学生已掌握的语言文化知识基础上开设，主要包括文化类和跨文化交际类课程，帮助学生提升文化和跨文化意识，提高跨文化交际能力。

发展级别的跨文化交际课程旨在通过系统的教学，进一步增强学生的跨文化意识，拓展学生的国际视野，进一步提升学生的语言综合应用能力和跨文化交际能力。

4.3 基于教学目标的课程设置

各高校应鼓励教师不断探索与实践，丰富课程内容，帮助学生增强创新精神、创业意识、家国情怀和融通中西的能力，提高思想道德修养、人文素质、科学精神、宪法法治意识、国家安全意识和认知能力。

课程设置应围绕立德树人根本任务，将课程思政理念和内容有机融入课程。对标一流课程建设的要求，体现课程的高阶性、创新性和挑战度。

各高校大学英语课程设置应考虑学生的不同起点和需求，充分体现个性化。既照顾到起点较低的学生，又要给起点较高的学生以发展的空间；既能使学生 打下扎实的语言基础，又能培养他们较强的综合应用能力；既要确保学生在整 个大学期间的英语语言水平稳步提高，又要关照学生个性化的学习需求，以满 足他们各自不同的专业和个人发展的需要。

在教学安排上，大学英语起始阶段课程若与高中英语学业质量水平二课程 相衔接，可选择基础目标；对入学时英语基础较好、对英语学习有较高需求的 学生，可选择提高目标。与基础目标和提高目标相关的通用英语课程为必修课；与发展目标相关的课程可设定为限定选修课或任意选修课。在大学英语课程体 系中，除通用英语课程外，各级别课程还应包括专门用途英语和跨文化交际等 教学内容。基础目标与提高目标级别的课程建议每周安排不少于 4 课时，发展目 标级别的课程每周可安排 2—4 课时，各高校可根据实际情况做相应调整。为有 效培养学生的语言交际能力，尤其是产出性能力，各高校应适当控制大学英语 课程的班级规模，每班原则上不超过 35 人。

有条件的高校在基础目标级别学习结束后，可适当开设第二、第三外语类 选修课程，以满足部分学生在外语能力上“一精多会”或“一专多能”的需求。

各高校大学英语课程设置要兼顾课堂教学与自主学习环节，建立与不同课程类型和不同需求级别相适应的教学模式，促进学生自主学习能力的发展和个性化学习策略的形成。

各高校应将网络课程纳入课程设置，重视在线开放课程、线下课程、线上线下混合课程、虚拟仿真课程等精品课程建设，使课堂教学与基于网络的学习实现无缝对接，融为一体。

5. 评价与测试

评价与测试是检验教学质量、推动大学英语课程建设与发展的重要手段。各高校应依据本指南所确定的教学目标和教学要求，建立科学的评价与测试 体系，系统采集有关大学英语课程和大学生英语能力的信息，通过多维度综 合分析，判断大学英语课程和大学生英语能力是否达到了规定的目标，并为 大学英语课程的实施和管理提供有效反馈，推动大学英语课程的改革和发展，实现大学英语教学质量和大学生英语能力不断提高的总体目标。

大学英语课程评价涵盖课程体系的各个环节，大学英语教学管理者、专家、教师和学生都应积极参与评价活动，综合运用各种评价方法与手段，并处理好内部评价与外部评价、形成性评价与终结性评价、量化评价与质化评价之间的关系，实现评价对课程发展的推动作用。

大学生英语能力测试包括形成性测试与终结性测试。各高校应加强教学过程中的形成性测试，并加强对口头表达能力、跨文化交际能力和思辨能力的测试；同时应处理好地区或高校联考以及全国性统一考试与校本考试、通用英语测试与专门用途英语测试等方面的关系，充分利用测试对教学的反馈信息，发挥测试对教学的正面导向作用，以及测试对大学生英语能力提高的促进作用。

学校教学管理部门和教学单位应根据本校的实际情况，对学生提出切合实际的英语能力要求，构建科学、系统、有特色的大学英语课程评价体系和大学生英语能力测试体系，充分发挥评价和测试对大学英语教学的诊断、导向、激励、决策等多重功能，更好地推动大学英语课程建设，促进大学生英语能力提高。

5.1 大学英语课程评价

大学英语课程评价的目的是构建大学英语课程“校本评价与其他多样化评价相结合”的综合评价体系，即依据本指南所确定的教学目标和教学要求，对课程体系的各个环节开展全面、客观、公正的评价，及时、有效地为课程 和教学提供反馈信息，推动课程的建设与发展。大学英语课程综合评价的内 容既包括与教学直接相关的课程设计、教学目标、教学内容、教学方法和手 段、教学支撑环境等方面，也包括学业评价与测试、教学管理、课程平台和 教师发展等教学质量保障体系。各高校应根据上述评价维度构建符合本校人 才培养目标定位的大学英语课程评价指标体系，采用量化和质化评价相结合 的方法，定期采集并分析相关数据，及时发布评价结果报告。

首先，大学英语课程评价应开展学校内部的自我评价。学校教学管理部门和教学单位应根据本校的教学需求和现状，制定适合本校的评价标准和切实可行的评价指标体系，推动线上线下混合式教学等新教学模式下的课程评价，利用信息技术建立大学英语教学基本状态数据常态监测和反馈机制，促进自我改进和提高。

其次，大学英语课程评价还需在校内自评的基础上引入其他多样化的评 价模式，为课程提供更加丰富的反馈信息，进一步促进课程的全面发展。大 学英语课程多样化评价应既考虑课程的共性，又兼顾不同地区、不同类型学 校和不同学生群体，即根据学校类型、地区特点和学生需求，开发多样化的 评价工具，开展分层分类的课程评价。国家和省市层面的评价以宏观指导为 主，通过评价发挥优秀课程和优秀教学团队的引领和示范作用。在学校层面，鼓励校际互评或第三方评价，切实促进课程的改进和完善。

大学英语课程评价涉及大学英语教学的专家机构、教学管理部门、课程 支撑平台专家、教师、学生以及学校的各个院系。教育部高等学校大学外语 教学指导委员会是大学英语教学的专家机构，负责指导国家层面评价标准的 制定与修订，为地方和学校层面的评价提供咨询建议，也可定期组织专家对 大学英语课程进行评审并给予指导；教学管理部门负责根据以上评价标准制 定评价指标体系，并组织和实施评

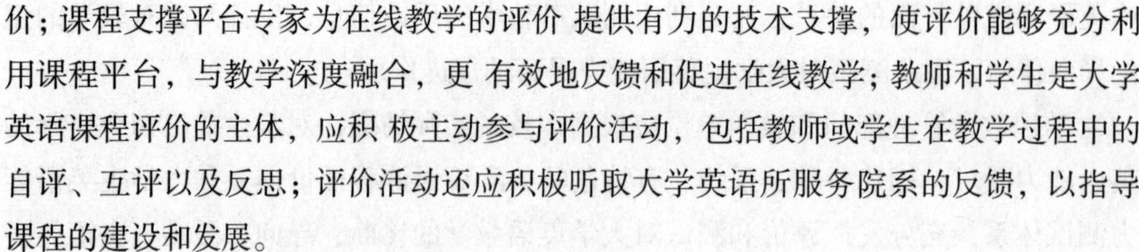

价；课程支撑平台专家为在线教学的评价 提供有力的技术支撑，使评价能够充分利用课程平台，与教学深度融合，更 有效地反馈和促进在线教学；教师和学生是大学英语课程评价的主体，应积 极主动参与评价活动，包括教师或学生在教学过程中的自评、互评以及反思；评价活动还应积极听取大学英语所服务院系的反馈，以指导课程的建设和发展。

5.2 大学生英语能力测试

大学生英语能力测试的目标是构建“形成性测试与终结性测试相结合”的综合测试体系，即根据本指南所确定的大学英语教学目标和教学要求，采用多样化的测试方式，全面检测和跟踪大学生英语能力发展，准确评价大学生英语能力水平，发挥测试对教学的正面导向作用，使之更好地为教学提供诊断和反馈信息，促进大学生英语能力的全面提高。

首先，大学生英语能力测试须重视教学过程中的形成性测试。测试内容紧密结合教学内容，并充分利用信息技术，监测学生的学习行为等基本信息数据，构建学生个人学习档案，分析学生的学习行为特征，为不同类型的学生提供个性化的评价反馈。

其次，大学生英语能力测试可以采用多样化的方式。学校的大学英语教 学管理部门和教学单位应根据本校的办学特色和办学定位，采取选用与开发 相结合的形式，制定科学完善的校本大学英语测试体系。同时，鼓励高校选 用多样化的测试方式，包括校际或地区联考以及全国统考等具有社会公信力 的考试。联考或统考应由专业考试机构或团队设计、开发和实施，考核目标 与本指南相应级别的教学目标衔接；考试结果所反映的英语能力水平与《中 国英语能力等级量表》的相应等级描述对接。此外，还应根据学生或院校个 性化的需求，开发专业相关、技能相关或社会需求相关的各级各类特色考试。

大学生英语能力测试是评价学生英语能力的手段，不是大学英语教学的目的，不能以测试主导或替代教学。学校教学管理部门和教学单位应指导大学英语教师提高语言测试理论水平和实践能力，积极开发和实施形成性测试和校本考试，合理利用其他多样化测试所提供的数据，从而帮助教师更有针对性地开展教学，指导学生更有效地学习。

5.3 评价与测试的保障

评价与测试是检测教学效果、保证教学质量、推动课程建设的重要手段。为确保大学英语课程评价与测试体系的顺利实施，合理使用评价与测试结果，有效反馈

教学，各级教学管理部门和相关教学服务体系应予以积极支持，保 障各项评价与测试工作所需要的人力、物力和财力等资源。同时，为有效地 开展评价与测试工作，大学英语教师需要提高自身的评价素养，教学管理部门需要加强对大学英语教师评价知识和技能的培训，特别是教学过程中的形 成性评价理论和实践能力培训，使教师能够掌握促学评价的理念，采用促学 评价的方法，处理好测试与教学的关系，更有效地利用评价与测试改进教学，切实保证大学英语课程教学的质量，实现大学英语课程的总体目标，满足国 家和社会对大学生英语能力的需求。

6. 教学方法与手段

教学方法是教师和学生在教学过程中为了实现课程教学目标，完成课程教学任务而采取的方式、办法与途径，包括教师教的方法、学生学的方法以及两者之间的协调与统一。教学方法应关注教学方式和教学活动，更应关注学习方式和学习活动。教学手段是开展教学时使用的工具，如师生相互传递信息的工具、媒体或设备等。在信息化与智能化时代，多媒体技术以及大数据、虚拟现实技术、人工智能技术等现代信息技术已成为外语教育教学的重要手段。外语教学的重要任务是培养学生外语语言能力、人文素养和跨文化交际能力，教学方法与教学手段是否得当，直接影响教师的教学效果和学生的学习效果。

6.1 教学方法

大学英语教学应遵循外语学习规律，充分考虑学生在学习方式和学习风格等方面的个体差异，根据教学内容的特点，运用合适、有效的教学方法。教学方法的选择要结合教师教的方法和学生学的方法，教学方法的使用要体现灵活性与适应性，目的是改进教学效果，提高学习效率和整体教学质量。

大学英语课程教学可以采用任务式、合作式、项目式、探究式等教学方法，从“以学生为中心”的教育理念出发，体现“以教师为主导、以学生为主体”的教学理念，使教学活动实现由“教”向“学”的转变，使教学过程实现由关注教师“教”向关注学生“学”的转变，形成以教师引导和启发、学生积极主动参与为主要特征的教学常态。

大学英语教师要充分利用网络教学平台，为学生提供课堂教学与现代信息技术相结合的线上线下自主学习路径和优质丰富的自主学习资源，促使学生从“被动学习”向“主动学习”转变。

教学方法的选用应注重学生自主学习能力的培养，引导和帮助学生掌握学习策略，学会学习、学会反思；应鼓励学生参与和体验英语学习团队活动，鼓励学生按照语言技能目标系统学习和训练，鼓励学生根据自己的学习特点和习惯自主选择学习方式并对自己的学习负责，鼓励学生结合英语学习内容 关注社会热点问题、社会发展趋势以及国家发展战略。

教学方法的改进还应注意吸收国内外应用语言学领域和高等教育改革与发展的最新研究成果，不断更新理念，使用符合新时代大学生特点的方法开展教学活动。

6.2 教学手段

现代信息技术应用于大学英语教学，不仅使教学手段实现了现代化、多样化和便捷化，也促使教学理念、教学内容、教学方式发生改变。信息化和智能化时代为外语教学提供了全新的教学方式、学习方式和前所未有的丰富资源。大学英语应充分发挥现代教育技术特别是现代信息技术在英语教学中的重要作用，大力推进现代信息技术与课程教学的深度融合。大学英语教师要与时俱进，不断学习，跟上新技术发展，积极推动现代信息技术全面深度融入教学与学习过程，不断增强使用信息技术的意识、知识和能力，在具体的课堂教学设计与实施过程中，融入并合理使用信息技术元素，在熟悉线上教学基本形态的基础上，创新和实践线上教学模式和线上线下混合式教学模式。

各高校应充分利用信息技术，积极创建多元的教学与学习环境。鼓励教师建设和使用微课、慕课等，实现课堂翻转。利用网上优质教学资源改进和拓展教学内容；建设或使用线上一流课程、线下一流课程、线上线下混合式一流课程、虚拟仿真实验教学一流课程等一流本科课程，使学生朝着主动学习、自主学习和个性化学习方向发展。建立网上互动学习平台，为师生提供涵盖课程教学内容设计、教学方法设计、教学过程设计和教学结果评价等内容构成的完整教学体系，加强课堂互动、教师辅导、学生练习、作业反馈、学习评估等环节的建设。网络教学系统应具有人机交互、人人交互功能，体现易操作性、可移动性和可监测性等特点，允许学生随时随地选择适合自己水平和需求的材料进行学习，能记录和监测学生的学习过程，并及时为教学管理部门和教师提供反馈信息。

现代教学手段的使用要主动适应新时代大学生的学习特点和学习方式，密切关注移动学习理论与技术的最新发展，鼓励高校设计和建设“移动英语学习平台”，凸显现代学习方式的自主性、移动性、随时性、可延伸性等特点。

推进大学英语教学手段现代化，应把提高教学与学习的效果放在首位。教师在科学合理利用现代化教学手段的同时，还要处理好传统教学手段与现代化教学手段的关系，关注师生间应有的人际交往与情感交流，给予学生思想上的引领，以及情感、人格、审美等方面的熏陶和感染。

7. 教学资源

教学资源包括为开展大学英语课堂教学、拓展学习空间、支持课程管理等提供的直接教学条件，也包括为帮助师生共同开展教学活动、完成教学任务、实现教学目标所提供的显性或隐性教学材料、教学环境和教学服务支持系统。各高校应围绕硬件环境、软件环境和课程资源三个方面积极开展大学英语教学资源建设。

7.1 硬件环境

大学英语教学应具备语言实验室、网络自主学习中心等基本硬件环境，并充分利用学校其他计算机和网络技术基础设施，满足教学活动的基本需求。各高校应通过校园宽带网或无线局域网支持大学英语课程的信息化教学应用。学校可根据实际需要建设专门的校园外语电台、数码编辑室、智能录播室、专用智慧教室、虚拟仿真实验室等硬件设施，为师生提供良好的语言教学和 语言学习的信息化环境和条件。

7.2 软件环境

大学英语教学软件环境作为计算机网络支撑的教学环境，是课堂教学物理空间的延伸，包括支持网络课程教学的软件工具以及实施网络课程教学活动的网络教学平台。

各高校应根据自身教学需求和特点，引进或开发以网络教学系统为主要内容的网络教学平台。网络教学平台应具有交互性、共享性、开放性、协作性和自主性等基本特征，包括网络教学系统、自主学习系统、课程网站、网 络课程资源库、数字化影视库、音视频在线点播系统、语言专项技能类 APP 训练与测评等主要内容。

网络教学平台建设要与网络课程建设相结合。通过开发和建设网络课程，拓展学生学习空间，吸引学生在多媒体、多模态、多环境下选择适合自己需 要的材料和方法进行自主学习，获得学习策略的指导，使网络课程成为学生 选择个性化学习内容、开展交互学习和自主学习活动、提升学习质量的重要 途径。

7.3 课程资源

课程资源是实施大学英语教学活动的直接条件，包括课程教学大纲、教材以及与教材配套的网络教学资源等。

完善的教学大纲是保障课程教学质量的基本要素。各高校应根据学校自身特点制订科学、系统、个性化的校本教学大纲。教学大纲应包括课程的教学目标、教学要求、教学内容、教学安排、教学方法与手段、评价方式等。 教材是传播新知识、新思想、新观念的重要载体，是教学内容的主要载体，也是实现教学目标的基本保证。大学英语教材编写的指导思想应体现新时代、新要求，体现党和国家对教育的基本要求，服务高等教育教学改革和人才培养，应体现人类文化知识积累和创新成果。在教材建设上要自觉坚定文化自信，坚持中华文化的主体性，坚守中国文化的话语权，充分体现中国特色、中国风格。在教材内容的选择上应自觉融入社会主义核心价值观和中华优秀传统文化，引导学生树立正确的世界观、人生观和价值观；应立足中国，面向世界，拓宽视野，博采众家之长，利用大学英语课程优势，及时反映世界科技新进展，吸收人类文明优秀成果，为培养具有前瞻思维、国际眼光的人才提供有力支撑。大学英语教学应选用国家级规划教材及其他优秀教材，积极推进大学英语新形态教材建设。各高校也应重视教学参考资料的选择或编写，尤其要在丰富的网络资源中，选用与课程密切相关的优质教学资源。教学参考资料的选用应注重其思想性、权威性和相关性，兼顾拓展性和多媒体功能。

网络教学系统应依托网络教学平台，建设与教材相配套的网络课程资源库、展示教师个性化教学的课程网站、课程资源管理与服务平台等。

各高校要注重网络课程资源库的建设和有效利用。网络课程资源库建设应以资源共建共享为目的，以创建精品课程资源和开展网络教学活动为重点，形成集资源处理、存储、管理、应用和评价为一体的数字化资源管理平台，实现资源上传、检索、归档，并运用到教学中。鼓励各高校建设符合本校定位与特点的大学英语校本数字化课程资源；鼓励区域内同类高校跨校开发大学英语数字化课程资源，并形成有效的教学资源共建共享机制。

课程网站是课程资源建设的主要渠道，应兼顾大学英语课程量大面广的特点，强化师生互动、学生网上交流等功能的建设。鼓励各高校开发符合本校办学特点的校本课程资源，同时有效利用国家级精品资源共享课、国家级精品视频公开课、国家级精品在线开放课程等高水平网络课程资源。

各高校教学管理部门应对课程资源的开发与利用制定具体的规范，保证课程资源的及时更新与有效的动态管理。通过强化绩效导向与创新课程资源开发利用激励机制、制定相应的学分认定规则等办法，发挥教师和学生在课程资源开发中的主体作用，提高教师和学生在资源建设、资源使用与资源评价中的参与度，实现资源使用效益的最大化。

8. 教学管理

教学管理是指学校为实现人才培养目标、保证教学有序进行而实施的一系列决策、计划、组织、协调和信息反馈等活动。提高大学英语教学管理质量和管理水平

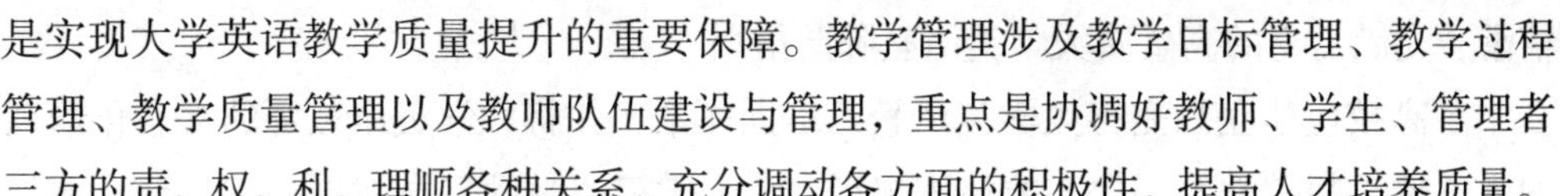

是实现大学英语教学质量提升的重要保障。教学管理涉及教学目标管理、教学过程管理、教学质量管理以及教师队伍建设与管理，重点是协调好教师、学生、管理者三方的责、权、利，理顺各种关系，充分调动各方面的积极性，提高人才培养质量。

各高校教学管理部门和大学英语教学管理者应贯彻落实本指南的指导思想，根据学校定位和人才培养目标，制订切合实际的大学英语教学大纲，用以指导、组织、规范大学英语的日常教学、管理及评价工作。为确保大学英语教学活动 正常开展和教学质量不断提升，各高校应制定相关行政规定，科学规范生师比、课时安排、教研活动、教学经费、测试体系、软硬件等教学资源和教学设施的 配置。

各高校在大学英语教学过程中应注重信息技术与外语教育教学的深度融合，建立和完善相关教学管理制度，包括线上线下的学时学分、学习评估、教学档案、教学资源等管理制度。大学英语教学管理也要推进信息化，建设好数字化教学管理平台和教学管理档案。

各高校应高度重视大学英语教学质量提升，鼓励大学英语教师开展教学研究，将教学实践与教学研究紧密结合，突出教学研究在教学改革、课程建设等方面的重要作用，深入研究人才培养需求、学生认知特点、语言学习规律，积极推进外语教学模式的创新和教学方法的改革，探索具有中国特色的大学英语教学理论和教学方法，全方位提升大学英语教学质量。

各高校应完善教师分类管理和分类评价办法，充分考虑大学英语教师的职业特点，建立科学合理的教师考核、晋升与奖励制度，对从事大学英语教学的教师实行必要的政策倾斜，激发大学英语教师的活力和工作热情。鉴于外语教学的特点，各高校还应制定科学合理的国际教师聘用和管理制度。通过有效的教学管理，引导中外教师发挥各自优势，为高校人才培养做出应有的贡献。

各高校应建立有效的大学英语教学分级管理机制，践行“教、学、管、评、测”一体化的教学管理理念，加强基层教学组织建设，不断提高大学英语教学 管理水平和管理效能。

9. 教师发展

教育大计，教师为本。提升大学英语教师的育人素养、学科素养、教学素养、科研素养和信息素养是保证大学英语教学质量的关键。大学英语教师发展既需要学校和院系的支持和政策保障，也需要教师自身的追求和努力。

各高校应重视大学英语教师队伍建设，坚持分类指导，建立健全教学科研评价、职称评聘等机制，持续优化大学英语教师队伍结构，系统提升大学英语教师队伍的实力和竞争力；以立德树人为根本，以学生成长为中心，建设一支师德高尚、业务

精湛、充满活力的高素质大学英语教师队伍。

各高校应建立和完善大学英语教师培训体系，并将大学英语教师的常态化培训纳入学校教师教学发展中心的整体规划，为大学英语教师专业发展搭建平台，加强教师职业生涯的规划与指导；对不同层次和类型的教师进行分类管理和培训；支持教师开展国内外进修学习活动。

育人者必先育己，立己者方能立人。大学英语教师必须主动适应高等教育发展的新形势，主动适应大学英语教育的新要求，主动适应信息化环境下大学英语教学发展的需要，不断提高自身的育人素养、学科素养、教学素养、科研素养和信息素养。大学英语教师应掌握扎实的学科专业理论和知识，具备先进的课程理念和教学管理与评价能力，提升在教学中运用现代教育技术的水平。大学英语教师要不断学习，主动提升，做有理想信念、有道德情操、有扎实学识、有仁爱之心的新时代“四有”好老师。

本指南适用于全国普通本科院校。

二〇二〇年十月